KB014999

초저출산은 왜 생겼을까?

초저출산은 왜 생겼을까?

1판 1쇄 발행 2024. 3. 22.
1판 2쇄 발행 2024. 10. 31.

지은이 조영태·장대익·장구·서은국·허지원·송길영·주경철

발행인 박강휘
편집 박민수 디자인 지은혜 마케팅 김새로미 홍보 이한솔
발행처 김영사
등록 1979년 5월 17일(제406-2003-036호)
주소 경기도 파주시 문발로 197(문발동) 우편번호 10881
전화 마케팅부 031)955-3100, 편집부 031)955-3200, 팩스 031)955-3111

저작권자 ⓒ 조영태·장대익·장구·서은국·허지원·송길영·주경철, 2024
이 책은 저작권법에 의해 보호를 받는 저작물이므로
저자와 출판사의 허락 없이 내용의 일부를 인용하거나 발췌하는 것을 금합니다.

값은 뒤표지에 있습니다.
ISBN 978-89-349-5005-9 03300

홈페이지 www.gimmyoung.com   블로그 blog.naver.com/gybook
인스타그램 instagram.com/gimmyoung 이메일 bestbook@gimmyoung.com

좋은 독자가 좋은 책을 만듭니다.
김영사는 독자 여러분의 의견에 항상 귀 기울이고 있습니다.

- 이 책은 《아이가 사라지는 세상》(2019.5.15. 발행) 출간 후 지난 5년을 돌아보고
  향후 대책을 전망한 서문을 새로 넣고 제목을 바꾼 개정판입니다.

- 일부 저작권자를 찾지 못한 사진 자료는 확인되는 대로 허가 절차를 밟겠습니다.

복지 대책의 틈을 채울
7가지 새로운 모색

초저출산은
왜 생겼을까?

조 영 태	인구학
장 대 익	진화학
장 구	동물학
서 은 국	행복심리학
허 지 원	임상심리학
송 길 영	빅데이터
주 경 철	역사학

김영사

일러두기

· 인구 문제와 관련해 최근 성평등을 지향하는 용어인 '저출생'이 부상하고 있으나, 이 책에서는 학계 연구와 정부 정책에서 공식 용어로 사용하는 '저출산'을 채택했습니다.

인구 정책 패러다임을 바꾼 책

《아이가 사라지는 세상》이라는 제목으로 책이 출간된 뒤 벌써 5년이 지났습니다. 그동안 코로나19, 미국과 중국의 패권 다툼, 러시아의 우크라이나 침공, 이스라엘과 하마스의 전쟁 등 전 세계를 위협하는 많은 사건이 일어났습니다. 우리나라는 어떨까요? 다사다난했던 지난 5년간 변하지 않은, 아니 악화하고 있는 현상이 있습니다. 바로 세계에서 유례를 찾아보기 힘든 초저출산 현상입니다.

2018년, 우리나라 합계출산율(여성 1명이 평생 낳을 것으로 기대되는 자녀 수)은 0.98이었습니다. 2023년에는 0.72로 더 낮아졌습니다. 비록 합계출산율은 떨어지고 있지만, 정부는 물론 사회 여러 부문에서 인구 위기를 극복하기 위해 노력을 다하고 있습니다. 그 과정에서 이 책이 초저출산 현상을 바라보는 새로운 시각을 제공하는데 크게 기여했습니다.

맬서스와 다윈의 대화에서
찾은 실마리

|

'근대 인구학의 창시자라 할 수 있는 맬서스와 진화론을 집대성한 다윈이 만일 우리나라의 초저출산 현상에 대해 대화한다면?' 하는 착상에서 이 위기의 근본적인 원인을 탐구해본 것이 7장 '맬서스와 다윈의 상상 대담: 한국의 초저출산 원인과 해법은?'입니다.

핵심 내용은 명료합니다. 우리나라는 급속한 경제발전을 이루는 동안 서울과 수도권으로 자원이 집중되었습니다. 그러다 보니 인구, 특히 결혼과 출산을 앞둔 청년층이 양질의 교육과 일자리 등의 기회를 찾아 서울로 몰렸습니다. 그런데 아무리 자원이 집중되어도 인구 밀도가 높아지면 경쟁을 피할 수 없지요. 물론 어느 정도의 경쟁은 혁신을 낳는 원동력이 됩니다. 하지만 밀도가 너무 높아 감내할 수 없는 수준으로 경쟁적인 사회가 되면 결혼해서 아이를 낳기보다는 자기 자신의 생존을 우선시할 수밖에 없겠지요.

살아남기 위해 '스펙'을 쌓아야 하고, 높아진 스펙은 삶의 만족도 기준을 높입니다. 4장에서 심리학자인 허지원 교수가 설명한 것처럼 만족스러운 수준에 도달하기까지 준비 기간이 점점 더 길어집니다. '완벽한 부모'의 기준이 더 높아지면 결혼과 출산은 남의 일이 되어버리죠. 보육 환경이 아무리 좋아져도, 일과 가정의 균형을 위한 수많은 제도가 생겨도, 집값이 떨어져도, 남들이 부러워하는 좋은 직장에 취업해도, 부부가 가사노동과 육아의 책임을 동등하게 나눈다 해도 소용없습니다. 서울과 수도권의 높은 인구 밀도와 그로 인한 과도한 경쟁이 해소되지 않으면 청년들이 결혼하거나 자녀를 낳기 어렵다는 것입니다.

이 대화의 끝에 맬서스와 다윈은 우리나라 정부와 사회에 정책적인 제안도 덧붙였습니다. 정책이 효과를 내는 데 시간이 걸리더라도 서울과 수도권 편중을 완화해야 비로소 초저출산 문제 해결의 실마리를 찾을 수 있을 것이라고요.

개념 논의를 넘어
경험적인 학술 연구로 발전

|

이 책을 통해 최초로 우리나라 초저출산 현상의 근본적인 원인으로 높은 인구 밀도를 제시한 뒤 저와 진화심리학자 장대익 교수는 인구 정책에 관해 발언하는 자리가 있을 때마다 주장해왔습니다. 서울과 수도권 편중이 극복되지 않으면 인구 과밀과 경쟁 과열이 해소되지 않아 어떤 노력을 하더라도 상황은 심화할 것이라고요. 맬서스와 다윈의 입을 빌려 이 책에서 제안한 것처럼 지역의 발전과 성장을 도모하는 것을 소홀히 하면 안 된다고 강변한 것입니다.

당시 제 연구실과 장대익 교수 연구실은 책 기획과 출간 전부터 인구 변화를 주제로 교류하고 있었는데요. 책 출간 이후 초저출산 현상과 인구 밀도 간의 관계를 경험적으로 검증하는 연구를 함께 진행했습니다. 연구의 결과는 예상한 대로였습니다. 우리나라 230여 개 시군구의 합계출산율과 실제 사용 가능한 면적만을 고려한 인구 밀도가 매우 밀접하게 연결되어 있음이 밝혀졌습니다.[1] 경제, 사회, 복지, 부동산, 고용, 사교육 등 다양한 사회구조적인 요인들과 관련된 변수들이 통제되었는데도 말이지요.

또, 저출산 현상이 진행 중인 55개 국가와 초저출산에 가깝거나 이를 경험한 21개 국가를 대상으로 주요 도시의 인구 과밀도와 출산율 간의 관계를 분석했는데, 한두 지역에 인구가 편중된 국가의 출산율이 모두 낮다는 사실을 볼 수 있었습니다. 특히 전체 인구의 절반 이상이 수도권에 몰려 있는 우리나라가 독보적이었지요.[2]

그런데 저출산 현상을 인구 밀도를 통해 설명하는 시도가 곧바로 학계나 정부의 환영을 받은 것은 아니었습니다. 심지어 "열악한 양육과 보육 환경이 주요 원인이다. 사람이 동물인가? 밀도가 높아 경쟁이 심하면 결혼하지 않고 아이를 낳지 않는다는 주장은 '낭설'에 불과하다"는 평을 듣기도 했지요. 저와 장대익 교수는 양육과 보육 환경이 중요하지 않다고 말한 것이 아니었는데 말입니다. 더 근본적인 조건인 밀도와 경쟁이 해소되지 않으면 아무리 양육과 보육 환경이 개선되어도 출산율이 상승하기는 어렵다고 말한 것이 핵심입니다. 근본 원인을 밝히기 위해서는 융합적인 관점이 필요하며, 그래서 이 책 집필에 다양한 분야의 전문가가 참여해 인간 내면부터 사회 시스템까지 우리가 맞닥뜨린 상황을 종합적으로 고찰한 것이고요.

많은 사람이 공감하는
초저출산 현상의 근본 원인

|

공감은 점차 많은 사람에게 확산되었습니다. 다른 연구진에 의해서도 수도권 인구 집중이 초저출산 현상을 설명하는 가장 설득력 있는 요소라는 점이 밝혀졌습니다.[3]

여론을 선도하는 언론에서도 이제는 수도권 인구 집중과 지역 청년 인구 감소에 주목하기 시작했지요(사실 너무 많아서 하나하나 소개하지 못할 정도입니다). TV 강연 프로그램에서 전체 인구의 절반 이상이 수도권에 살고 있는 현실이 초저출산 현상의 근본 원인이라고 소개되기도 했습니다.[4]

EBS의 간판 다큐멘터리 프로그램인 〈다큐프라임〉에서도 3부작으로 편성해 우리나라 초저출산 현상의 원인을 조망하면서 수도권에 몰려 살 수밖에 없는 현실, 그 속에서 겪게 되는 극심한 경쟁과 경쟁감, 아기를 가지는 것은 말할 것도 없고 연애하기도 힘든 일상을 보여주기도 했습니다(한 외국인 교수가 우리나라 저출산 상황을

보면서 '대한민국 완전히 망했네요'라고 말하는 밈 아시죠? 바로 이 프로그램의 한 장면입니다).[5]

이처럼 2019년 이 책이 최초로 제기했던, '수도권 인구 집중이 우리나라 초저출산 현상의 근본 원인'이라는(당시에는 매우 생경하던) 주장이 이제는 '낭설'이 아니라 학계는 물론 언론을 통해서도 '정설'이 되었습니다. 정설로 인정받게 되었다는 것은 이 책에서 처음 소개된 내용들이 이제 가설 수준을 넘어 이론으로까지 발전했다는 것을 의미합니다. 즉, 인구 집중과 그로 인한 경쟁과 심리적인 경쟁감이 높은 사회는 출산율이 높을 수 없다는 설명이 우리나라만이 아니라 다른 나라에도 적용이 될 수 있다는 말입니다. 출산율이 매우 낮은 국가들의 공통점을 생각해보면 쉽게 이해할 수 있습니다.

우리나라처럼 0.7까지는 아니어도 1.0에 가까운 합계출산율을 보이는 국가들이 있습니다. 싱가포르, 홍콩, 마카오 등입니다. 세 국가의 공통점은 밀도가 높은 도시국가라는 것입니다. 밀도는 높은데 공간은 한정되어 있고, 그러니 경쟁이 치열할 수밖에 없죠. 당연히 이 국가들의 출산율은 낮습니다. 최근 중국의 출산율도 크게 낮아지고 있습니다. 2017년 1.8이었던 합계출산율이 2022년 1.09까지 떨어졌습니다. 중국도 지난 30년간 경제성장을 거듭해오면서 동해안으로 사람과 자원이 몰렸습니다. 베이징과 상하이를 비롯해 다롄, 칭다오, 항저우, 톈진 등 우리에게도 익숙한 주요

도시들이 모두 동쪽에 몰려 있죠. 수많은 청년을 빨아들였습니다. 마치 우리나라의 서울과 수도권처럼 말이죠. 소수의 도시로 과도하게 인구, 특히 청년 인구가 집중되면 결과는 뻔합니다. 이 책에서 설명한 결과가 나타나게 되는 것입니다.

미래지향형 인구 정책을 희망하며

이처럼 이 책은 복지 담론으로 편향되어 있던 우리나라 초저출산 현상을 바라보는 관점을 확장했고, 특히 수도권으로의 인구 집중이 근본적인 원인임을 밝히는 계기가 되었습니다. 그렇다면 그간 정부의 초저출산 대응 정책 기조는 바뀌었을까요?

그렇기도 하고, 또 그렇지 않기도 합니다. 무슨 소리냐고요?

이제 정부도 초저출산 현상의 근본 원인을 명확히 인지하고 있는 것으로 보입니다. 그래서 지방을 살리기 위한 다양한 노력이 시작되었지요. 대표적인 것이 대통령 직속 지방시대위원회 설립입니다. 행정안전부는 인구가 빠르게 줄어들어 소멸 위험에 직면한 지역들을 지원하기 위한 지방소멸대응기금과 인구감소지역 지원 특별법을 만들었습니다. 이러한 정부의 움직임들이 제가 '그렇기도 하다'고 답한 이유입니다.

하지만 이러한 움직임들의 내용을 들여다보면 매우 실망스럽습니다. 이 활동들의 궁극적인 목적은 전국의 모든 지방자치단체가 인구수를 늘리는 것입니다. 그런데 이는 현실적으로 불가능합니다. 청년 인구는 한 연령대에 65만~70만 명입니다. 청년의 중심에 있는 1990년생은 전체의 49퍼센트가 태어날 때부터 이미 수도권 사람이었습니다. 2023년, 수도권에 살고 있는 1990년생은 전체의 56퍼센트입니다. 2022년에 신생아 수는 25만 명인데, 그중 53퍼센트가 수도권에서 태어났습니다. 이들이 30세가 되면, 60~70퍼센트는 수도권에 살 것입니다. 한마디로, 절대 수가 너무 부족해서 지방에 나눌 인구가 없다는 말입니다. 게다가 수도권에서 태어난 사람들은 고향이 수도권이라서 자라는 곳도 직업을 갖는 곳도 수도권일 가능성이 높지요. 이것이 제가 '그렇지 않기도 하다'고 말한 이유입니다.

최근 정부가 '생활 인구' 개념을 도입해 수도권 인구 집중을 완화하는 정책에 활용하고 있어 고무적입니다. 지방 인구 소멸과 수도권 과밀 현상을 나타내는 지표는 '주민등록 인구'를 기반으로 산출합니다. 다시 말해, 해당 지역에 거주하는 '정주 인구'를 기준으로 합니다. 그런데 우리가 주민등록지에만 머무는 것은 아니죠. 다른 지방으로 출장도 가고 여행도 갑니다. 주말이나 연휴에 서울로 오는 사람도 많지만 지방에서 여가를 즐기는 사람도 아주 많습니다.

서핑의 성지로 유명한 강원도 양양군을 한번 생각해보세요. 주민등록 인구는 3만도 되지 않지만 양양은 서핑을 즐기러 온 청년으로 가득합니다. 주로 서울-양양 간 고속도로를 통해 온 수도권 청년들입니다. 이들이 모두 생활 인구입니다. 양양군은 주민등록 인구 기준으로 보면 인구 소멸 위험지역임에 틀림없습니다. 하지만 생활 인구 기준으로 보면 아주 활기찬 곳으로, 수도권에 집중된 청년 인구의 일상을 분산시키는 중요한 역할을 하고 있습니다.

전국의 지자체들은 이제 정주 인구를 늘리기보다 생활 인구를 늘리려고 노력하고 있습니다. 중앙정부도 법과 제도를 정비해 각 지역의 생활 인구를 증대하는 환경을 마련할 것으로 보입니다. 수도권과 지역을 연결하는 교통과 통신 인프라도 더 많이 확장하고요. 그렇게 되면 인구를 분산하는 방식보다는 국토를 균형 있게 활용할 수 있을 것이고, 보다 현실적이며 효과적으로 수도권 집중을 완화할 수 있을 것입니다.

저는 앞으로 저출산 대응 정책을 비롯한 우리나라의 인구 정책이 보다 미래지향적이길 희망합니다. 이미 태어난 인구가 미래 사회를 상당 부분 정해놓습니다. 그렇기 때문에 인구 정책은 반드시 미래지향적이어야 합니다. 우리나라의 출산율 수치를 보면 미래가 암담해 보입니다. 하지만 정작 정해진 미래를 연구하는 저는 우리나라의 미래를 밝게 보고 있습니다. 이미 정해진 미래에 잘 적응해가면 우리 삶의 질이 지금보다 향상될 수 있기 때문입니다.

물론 아이가 지금보다 더 많이 태어나면 더 좋겠습니다만, 그렇지 못하더라도 나와 내 가족들의 삶은 지금보다 더 좋아져야겠지요? 바로 그것이 저자들이 이 책을 통해 바라는 바입니다. 그리고 이 책에서처럼 인구 정책도 더 다양한 목소리를 반영해 더 미래지향적으로 설계되기를 희망합니다.

2024년 3월
조영태

---

1 고우림, 조영태, 차영재, 장대익. 2020. 〈한국 합계출산율의 결정 요인으로서의 인구 밀도〉《사회과학 담론과 정책》13: 129~153.

2 고우림. 2021. 《출산력에 대한 융합적 탐구: 인구 밀도와 편중 분포를 중심으로》 서울대학교 박사학위 논문.
   〔조영태의 뉴스 저격〕 "흩어져야 낳는다. 수도권 인구집중이 부른 초저출산 한국". 《조선일보》(2020년 10월 30일자).

3 성원, 정종우. 2023. "OECD 국가별 패널 자료를 통한 우리나라 저출산 원인 및 정책 효과 분석". 《BOK 이슈노트》(한국은행, 2023-32호).

4 KBS 〈이슈픽 샘과 함께〉 "인구과 미래 2부작-2부 일탈백수 지역민국!"(2022년 7월 31일 방송).

5 EBS 〈다큐프라임〉 "저출생 보고서, 인구에서 인간으로"(2023년 1월 16일).

'아이가 사라지는 세상?' 소설이나 동화 제목 같습니다만, 우리 사회가 직면한 현실입니다. 우리나라는 2002년부터 초저출산 사회가 되었습니다. 2018년 합계출산율은 0.98이 되었고, 서울시는 0.76이었습니다. 합계출산율은 여성 1명이 평생 낳을 것으로 기대되는 자녀의 수입니다. 이렇게 낮은 출산율은 부모 세대에 비해 자녀 세대의 인구 크기가 절반에도 못 미칠 만큼 줄어들 것이라는 전망을 담고 있습니다. 아니, 그보다는 한국인이 멸절 단계에 접어들었다는 표현이 더 알맞은 표현일 수도 있겠습니다.

지금까지 우리는 '출산'을 거의 사회적인 현상으로 해석해왔습니다. 저출산의 원인을 청년들의 높은 실업률, 하늘 높은 줄 모르고 치솟는 집값, 살인적인 사교육비 등에서 찾아왔지요. 그러다보니 국가의 대응도 다분히 사회적이고 구조적인 정책들로 채워졌습니다. 하지만 지금까지의 정책들은 그리 효과가 있었다고 보기 어렵습니다. 안타깝지만 많은 분이 동의할 것이라 생각합니다.

한편 초저출산 현상이 지속되면서 오히려 출산에 대한 사람들의 시각 자체가 바뀌고 있습니다. 예를 들어, 인구가 많으면 환경, 교통, 범죄 등 다양한 사회 문제가 더욱 빈발하니 저출산으로 인구가 줄어드는 것이 차라리 더 잘된 일이라고 말하는 사람이 많아지고 있습니다. 또 결혼을 하지 않거나 결혼을 해도 아이를 갖지 않는 삶이 더 '멋지고 재미있다'고 생각하는 사람도 적지 않습니다. 이러한 경향을 반영한 탓인지, 혼자 사는 삶을 미화하는 듯한 TV 프로그램이 인기를 끌기도 합니다. 정부도 최근에는 출산율을 높이기 위한 정책은 추진하지 않겠다고 선언했지요. 저출산 시대에 대한 사회의 인식이 변하고 있고, 사회적이거나 구조적인 문제 해결 노력으로도 출산율은 계속 떨어지고 있으니, 아예 저출산을 '양성화'하는 전략인 듯 보이기까지 합니다.

저출산 현상에 대한 태도를 이렇게 급작스럽게 뒤집기 전에 새로운 틀에서 문제를 바라보면 어떨까요? 사실 사회구조적인 관점에서 보자면, 출산율이 매년 올라야 자연스럽습니다. 과거와는 비교도 할 수 없을 만큼 삶의 질이 전반적으로 윤택해지고 있기 때문입니다. 청년들이 출산을 단념하고 있는 진짜 이유를, 기존의 질서에 반하는 진짜 이유를 파악해야 하는 이유입니다. 그들의 마음을 헤아려보려고 노력해야 합니다. 이런 논의는 지금까지 저출산 논의에서 거론된 적이 없던 내용이지요. 주로 사회적이고 구조적인 측면에서 바라보던 출산이라는 행위를 좀 더 다양하고 근본적인 시각에서 검토해야 저출산 현상에 대한 유효하고 적절한 해법이 나오지 않을까요? 그런 취지에서 어찌 보면 저출산 현상과는 직접적으로 상관없어 보이는 학자들이 모여 지금까지와는 다른 관점에서 사태를 조망하고 새로운 해석을 시도해 책으로 묶어 보았습니다.

먼저, 장대익 교수와 장구 교수는 생물학적인 관점에서 저출산의 배경과 원인을 살펴봅니다. 왜 우리 사회의 젊은 세대가 저출산을 선택하게 되었는지를 진화론의 입장에서 진단하고, 저출산을 불러일으키는 다양한 생물학적 원인을 꼽아봄으로써, 출산 행위에 환경이 깊이 관여하고 있음을 상기시킵니다. 심리학자인 서은국 교수와 허지원 교수는 강력한 생물학적인 본성인 출산 행위를 북돋우거나 억누르는 우리 마음의 작동 원리를 밝힙니다. 행복과 같은 긍정적인 감정의 에너지를 갖고 유지하는 것이 결혼과 출산에 왜 중요한지, 부정적인 정서가 어째서 비혼이나 비출산으로 이어지는지를 알아봅니다.

송길영 마인드 마이너와 주경철 교수, 조영태 교수는 사회과학자의 시선으로 저출산 현상을 새롭게 바라봅니다. 우리나라의 저출산 현황이 갖는 사회문화적 함의를 헤아려보고, 역사적으로 참고해볼 해외 국가의 사례를 개괄한 뒤 저출산에 접근하는 새로운 관점의 의의를 짚어봅니다. 이어지는 대담에서는 일곱 분이 모두 모여 의견을 나누고 논의를 종합하면서 지속가능한 미래를 위한 해법을 모색해봅니다.

이 책의 저자들이 지금까지의 관점이 잘못되었다고 지적하는 것은 아닙니다. 저출산 현상을 기존과는 다른 각도에서도 접근할 수 있으며, 그렇게 관점을 다양화함으로써 '저출산 위기론' '인구 쇼크'를 타개하고 해결책을 강구할 새로운 기회를 찾아볼 수 있음을 강조하고자 했습니다. 이 책에 담긴 7가지 새로운 시선이 이 땅에서 아이가 사라지고 있는 진짜 이유가 궁금한 분들께 도움이 되기를 기대합니다.

2019년 5월
조영태·장대익

차례
/

초저출산은
왜 생겼을까?

현재 저출산 현상은
자연스러운 본능의 결과

장대익

장대익

한국과학기술원KAIST에서 기계공학을 공부했고, 서울대 과학사 및 과학철학 협동과정에서 생물철학으로 석사와 박사 학위를 받았다. 서울대학교 행동생태연구실에서 인간 본성을 화두로 하는 '인간 팀'을 이끌었고, 영국 런던정경대학교에서 생물철학과 진화심리학을 공부했다. 일본 교토대학 영장류 연구소에서는 침팬지의 인지와 행동을 연구했고, 미국 터프츠 대학 인지연구소 연구원을 역임했다. 그 후 서울대 자유전공학부 교수로 재직하면서 서울대 인지과학연구소 소장과 한국인지과학회 회장을 지냈다. 현재 가천대학교 창업대학 석좌교수(학장)이자 에듀테크 회사 트랜스버스Transverse Inc.의 창업자로 활동하며 교육의 새로운 전환을 시도하고 있다. 진화 이론뿐만 아니라 기술의 진화 심리와 인간 본성에 대해 연구해왔다. 저서로 《공감의 반경》 《다윈의 식탁》 《다윈의 정원》 《울트라 소셜》 등이 있고, 《종의 기원》 초판을 번역했다. 제11회 대한민국과학문화상을 수상했다.

저는 인간 본성의 진화를 연구하고 있는 진화학자입니다. 특히 최근에는 우리의 초사회성ultra-sociality과 도덕성에 관해 연구하고 있습니다. 이 책의 주제는 한국의 초저출산 현상인데요, 출산 관련 문제는 인구학자나 사회학자만이 아니라 진화학자에게도 매우 중요한 주제입니다. 왜냐하면 모든 생명체의 진화적 목표는 생존survival과 재생산reproduction이기 때문입니다.

특히 재생산 또는 번식은 더 궁극적인 목표라 할 수 있습니다. 아무리 생존을 잘해도 재생산에 실패한 개체는 자신의 유전자를 남길 수가 없으니까요. 물론 이것이 아침에 집을 나서면서 '나는 진화의 궁극적 목표인 번식에 성공하기 위해 살아야지'라고 다짐한다는 뜻은 아닙니다. 하지만 우리의 조상이 번식의 가치를 최상에 둔 사람들이었다는 점은 분명한 사실입니다. 따라서 작금의 저출산 문제는 지극히 생물학적인 문제이기도 합니다. 게다가 진화론적 관점에서는 매우 기이한 현상처럼 보이기도 합니다. 저출산은 자식을 낳지 않거나 적게 낳아서 생기는 현상이니 말입니다. 진화론적 관점에서 이 저출산 문제에 접근해 몇몇 의문에 답해보려 합니다.

인간의 생애사

먼저, 제 판단과 주장은 이렇습니다. 한국의 저출산 현상은 정책의 실패이기 이전에 진화의 결과입니다. 물론 정부가 지난 10여 년 동안 저출산 문제를 해결하기 위해 엄청난 재정을 투입했다는 사실을 감안하면 정책의 실패라고 해도 틀리지는 않을 것입니다. 그러니 '정책의 실패이기도 하지만, 더 근본적으로 들여다보면 진화적 결과'라고 말해야 한다는 정도로 해두죠.

통계청의 발표에 따르면, 2022년 출생아 수는 24만 9,000명으로 이 책의 초판을 준비할 때의 통계인 2018년의 32만 6,900명에 비해 23.8퍼센트(7만 7,900명)나 감소했고, 여성 한 명이 평생 낳을 것으로 예상되는 평균 출생아 수인 합계출산율은 2022년에 0.7명대로 주저앉았습니다. 전 세계 최저 수준입니다. 합계출산율이 2.0 정도는 되어야 부모 세대와 자녀 세대의 인구수가 동일해지는데, 우리나라는 1983년에 2.06을 기록한 이후 지금까지 단 한 번도 2.0으로 반등한 적이 없습니다. 설상가상으로 2002년부터는 1.30 이하로 3년 이상 지속되는 초저출산lowest low fertility이 오늘날까지 이어지고 있습니다. 이런 현상이 이어지면 남한의 총인구는 몇 년 내 감소 추세로 돌아설 것이라고 합니다.

그런데 문제는 이를 막기 위해 지난 정부들이 13년간 143조의 예산을 쏟아부었다는 사실입니다. 만일 인구의 변동이 정부의 정

(천 명)　　　　　　■ 출생아 수　━ 합계출산율　　　　　(가임 여성 1명당 명)

출생아 수 및 합계출산율 추이(1970~2022년).　　　　　　　　　　자료: 통계청

책에 의해서만 영향을 받는다면, 이보다 더 참담한 정책 실패는 없는 것으로 보입니다.

　인구 정책의 실패를 논하려는 것은 아닙니다. 조금 더 근본적으로 인간의 생존과 번식의 관점에서 출산이라는 행위와 과정 자체를 이해할 필요성을 이야기하려 합니다. 세상의 모든 생물은 생애사life history를 갖고 있습니다. 예를 들면, 인간이라는 동물은 짝짓기를 통해 자식을 낳고, 그 아이가 성장해 청년이 되면 또 짝을 만나 아이를 낳고, 또 그 아이가 똑같은 생애사를 겪습니다.

　그런데 모든 생물은 나름의 생애사가 있습니다. 가령, 개구리는 한 번에 상당히 많은 알을 낳고, 그 알이 올챙이로 자란 후 성체 개구리가 되어 또 많은 알을 낳는 식의 생애사를 지니고 있지요. 한꺼번에 많은 자식을 낳는 게 우리와는 좀 다르죠?

　인간은 어떤가요? 다음 사진의 아이를 한번 보겠습니다. 이 아

인간의 생애사는 침팬지의 생애사와 다르다. 인간에게는 돌봄이 필요하다.

이는 제 연구 대상은 아닙니다. 사랑하는 둘째 딸이니까요. 한 살 무렵의 사진인데요. 이 아이가 그 나이에 어떤 행동을 했는지 떠올려보면 별로 기억나는 것이 없습니다. 왜냐하면 이 아이가 한 살 때 한 일이라고는 목을 겨우 가누고 아장아장 걷는 정도였으니까요. 할 수 있는 것이 거의 없었죠.

이렇게 인간 아기는 너무나 연약한 상태로 태어납니다. 그리고 매우 긴 영유아기를 보냅니다. 그에 비해 제가 교토대 영장류 연구소에 있으면서 연구했던 '아유무'라고 하는 침팬지는 한 살에 나무를 타고 날아다닙니다. 조금 거짓말을 보태면 말이죠. 세상에 태어났다고 다 같은 아이가 아닙니다. 인간은 침팬지보다 훨씬 더 연약한 상태로 태어나서 오랫동안 돌봄을 받아야 하는 생애사를 갖고 있습니다.

동물행동학자들에 따르면, 인간의 생애사는 다른 영장류(그리고 다른 동물들)에 비해 다음과 같은 세 가지 특징이 있습니다.

첫째, 영유아기가 매우 깁니다. 연약하게 태어나서 오랫동안 돌봄을 받아야만 생존할 수 있는 종이라는 것이지요. 둘째, 상대적으로 오래 삽니다. 동물의 세계에서 수명은 번식 시기와 관련이 큽니다. 가령, 번식을 끝낸 암컷에게는 죽음이 멀지 않습니다. 하지만 인간 여성은 폐경이 온 다음에도 상당히 오랫동안 삶을 지속합니다. 셋째, 다른 동물들에 비해 자식을 많이 낳지 않습니다. 이 관점에서 보면 '얼마나 일찍 낳느냐'와 '얼마나 많이 낳느냐'가 상당히 중요함을 알 수 있습니다. 이 점에서 종간에 차이가 있습니다. 가령, 설치류는 이른 나이에 출산하며, 한 번에 많이 낳습니다. 그에 비해 코끼리와 오랑우탄 같은 큰 동물들은 1년에 한 번, 심지어는 5년에 한 번 새끼를 낳습니다. 이렇게 종마다 출산 연령과 출생아 수가 다릅니다.

그래서 생태학자들은 '얼마나 일찍, 많이 낳는가'를 기준으로 종들을 구분하기도 합니다. 빨리, 많이 낳는 경우를 'r선택r-selection'이라고 하고 늦게, 적게 낳는 경우를 'K선택K-selection'이라고 하죠. 모든 동물은 그중 어딘가에 해당됩니다. 쉽게 말해, 'r'는 양으로 승부를 하는 종이라면, 'K'는 질로 승부하는 종이죠. 이런 기준으로 보면, 동물의 생애사는 몇 가지 특징들로 구분됩니다.

예를 들어 r선택처럼 아이를 많이 낳는 종에게 그 자식들의 경쟁력은 그리 문제되지 않습니다. 경쟁력이 없어서 많이 죽어나가도 생존해 남을 개체들 또한 적지 않을 테니까요. 그에 비해 K선택 종의 경우에는 자식의 경쟁력이 핵심입니다. 그러다 보니 'r'는 빨리 성장하고 'K'는 천천히 성장합니다. 그리고 'r'는 번식도 이른 나이에 합니다. 'r'는 많이 낳고 'K'는 적게 낳습니다. 이는 종 간의 차이입니다.

그렇다면 종으로서 우리 인류는 어디에 해당될까요? 당연히 'K'입니다. 하지만 개인차가 존재하죠. 예를 들어 이른바 '빠른 생애사 전략'을 취한 사람들은 상대적으로 자녀를 많이 낳고 양육에 덜 신경쓰며 혼외 관계에 관심이 큽니다. 그에 비해 '느린 생애사 전략'을 택한 사람들은 상대적으로 아이를 적게 낳고 양육에 많은 노력을 기울이며 혼외 관계에는 별로 관심이 없습니다.

정리해보겠습니다. 우리는 종 차원에서는 느린 생애사 전략을 진화시킨(K선택) 종입니다. 하지만 개인마다 좀 더 느린 전략을 취하기도 하고 빠른 전략을 취하기도 합니다. 그리고 이런 전략들은 환경과의 상호작용을 통해 발현됩니다. 잠시 '생애사 전략'이라는 것이 무엇인지 좀 더 이야기해보겠습니다.

저출산은 인간이 환경에 적응한 결과

출산이라는 행위를 우리네 생애사의 중요한 예산집행 결정 과정이라고 생각해봅시다. 이때 '언제 번식하는 것이 좋을까' '얼마나 낳으면 좋을까' '언제까지 살면 좋을까'와 같은 생애사의 중요한 의사결정을 하는 것이 바로 '생애사 전략life history strategy'입니다. 이 과정에서 여러 요인이 충돌합니다. '성장을 더 할 것이냐' '생존에 더 많은 에너지를 쓸 것이냐' 아니면 '번식에 더 많은 에너지를 쓸 것이냐'에 대한 의사결정의 차이라고 할 수 있습니다. 그러다 결국 이것이 상충과 균형trade off을 이루어 어떤 사람은 특정 환경에서 빨리, 많은 아기를 낳는 쪽으로, 다른 사람은 같은 환경에서도 아기를 늦게, 그리고 적게 갖는 쪽으로 행동합니다.

진화생물학자들과 진화심리학자들은 이와 같은 인간의 전략적 행동을 '생애사 이론life history theory'의 틀 내에서 설명해왔습니다. 이 이론에 따르면 기본적으로 인간의 출산은 '성장-출산-양육'이라는 생애 단계 가운데 하나입니다. 그런데 물질적이고 시간적인 자원은 제한되어 있기 때문에 각 단계에 효율적으로 배분해야 하며, 주어진 환경에 맞춰 어떠한 배분 전략을 취하는지에 따라 효율성에 차이가 생깁니다. 가령, 인구 밀도가 높은 환경에서 섣부른 출산은 비효율적 의사결정입니다. 왜냐하면 그런 환경에서는 경쟁이 치열하기 때문에 자손이 번영할 가능성이 낮기 때문입니다. 오히려 그런 환경에서는 출산을 미루고 자신의 경쟁력을 높이는 전략이 더 효율적일 수 있습니다. 즉, 출산 대신 자신의 성장에 더 많은 자원을 투자하는 전략이지요.

그렇다면 이런 생애사 이론의 관점에서 저출산 문제를 어떻게 이해할 수 있을까요? 경쟁이 치열하다고 느끼는 사람들은 이른 나이에 출산을 할 이유가 없습니다. 그들에게는 출산을 미루고 자신의 성장에 자원을 투자해 본인의 경쟁력을 높이는 것이 더 좋은 전략이기 때문입니다. 이렇게 보면 저출산은 병리적인 현상이 아니라 하나의 적응적 현상이라고 할 수 있습니다.

예를 들어, 비경쟁적이고 불안정적인 환경에 놓여 있다고 판단하는 순간 우리는 자원을 여러 곳에 나눠 투자하는 양적인 분산투자를 합니다. 그리고 성과를 빨리 확인할 수 있는 단기적인 전략을 발달시킵니다. 반대로 경쟁적이고 안정적인 환경에 놓여 있다고 생각하는 순간 자원을 확실한 곳에 집중 투자하는 질적인 투자를 하고, 오랜 노력을 기울여 목적을 달성하는 장기적인 전략을 발달시킵니다. 다시 말하면 우리는 환경에 민감한 심리적 메커니즘을 갖고 있다고 할 수 있습니다.

그렇다면 다음과 같은 문제가 남습니다. 실제로 우리 사회는 얼마나 경쟁적인가? 아니, 우리는 우리 사회가 얼마나 경쟁적이라고 지각perceive하는가? 그리고 왜 그렇게 지각하는가?

인구 밀도가 높은 환경에서
섣부른 출산은 비효율적
의사결정입니다.

오히려 그런 환경에서는
출산을 미루고 자신의 경쟁력을
높이는 전략이 더 효율적일 수 있습니다.

이 관점에서 여러분께 질문을 하나 던져보겠습니다.

다음 사진을 보고 아이를 낳고 싶다고 생각하는 분이 얼마나 있을까요? 지나다니다가 사람들이 서로 어깨를 부딪치곤 하는 환경에 살고 있다면, 여러분은 어떤 마음이겠습니까? '아무래도 아이를 낳으면 힘들겠구나! 환경이 너무 경쟁적이어서 아이가 잘 살아갈 확률이 매우 낮을 거야'라고 생각하겠죠. 실제 연구 결과도 있습니다. 사람이 많이 모인 공간을 찍은 사진을 보여준 다음 아이를 얼마나 낳고 싶으냐고 물으면, 피험자의 출산 동기가 감소해 낳고 싶다고 답하는 아이 수가 줄어듭니다. 즉, 실제 경쟁이 아닌 '경쟁 지각'만으로도 출산의 동기를 변화시킬 수 있는 것입니다.

진화심리학자 올리버 승Oliver Sng에 따르면, 인구 밀도가 높을 경우 사람들은 느린 생애사 전략가가 됩니다. 인구 밀도가 높은 국가의 국민일수록 성적인 엄격성이 높은데, 다시 말해 아기를 낳을 수 있는 짝짓기에 매우 신중한 태도를 취한다는 것이죠. 또한 그런 사람일수록 기대수명이 높습니다. 즉, 출산에 투자해 자녀를 빨리, 많이 낳고 일찍 사망하는 것이 아니라, 자신의 성장에 자원을 더 많이 사용함으로써 오래 사는 것입니다. 이뿐만이 아닙니다. 인구 밀도가 높은 국가일수록 유치원 등록율도 높습니다. 또다른 번식보다는 이미 출산한 자녀의 성장에 투자한다는 또 다른 증거입니다. 결과적으로 인구 고밀도 국가의 출산율은 상대적으로 더 낮습니다.

사람이 많이 모인 공간을 찍은 사진을 보면 출산 동기가 감소한다.

이렇게 경쟁이 치열하다고 지각하면 지각할수록 저출산으로 이어지는 것은 진화의 결과라고 할 수 있겠죠.

결국 문제는 '환경을 어떻게 지각하는가'입니다. 객관적 환경이 어떠한가도 중요하지만 그걸 어떻게 지각하는가가 핵심입니다. 왜냐하면 결국 지각을 통해 적응적 메커니즘이 작동하니까요.

그래서 저희 연구실이 이 책 제작에 참여한 조영태 교수 연구팀과 함께 한국의 초저출산 문제에 대한 새로운 진화심리학적 모델을 만들고 있습니다. 그 내용은 다음과 같습니다. 인구 밀도가 높으면, 다시 말해서 사용 가능한 바람직한 자원에 대비해 경쟁자 수 혹은 인구가 늘었다고 지각되면, 진화를 거쳐 형성된 인간 심리의 반응체계가 작동합니다. 경쟁이 심하다고 지각하는 순간 사회적 공격성과 공격의 욕구가 증가하며, 사람들이 중요하다고 생각하는 목표와 가치가 획일화되기 시작합니다. 가령 'SKY 대학에 들어가는 게 하늘의 별 따기구나'라고 경쟁 지각을 하게 되면, 사람들은 대개 경쟁을 포기하거나 다른 대안을 찾기보다는 그 목표를 위해 더 매진하려는 욕망에 사로잡히게 된다는 것입니다. 그러면 어떤 결과가 생기나요? 일자리는 점점 더 줄어들고 경쟁은 더 치열해집니다.

이런 현상을 생애사 전략의 작동으로 이해해봅시다. 실제 경쟁이 심하거나 그렇다고 지각하는 경우에 우리는 번식을 앞당기기보다는 늦추고, 아이를 적게 낳고, 짝짓기에 투자하기보다는 양육에 투자를 해서 경쟁력을 높이려고 합니다. 느린 전략가로 전환된다고 할 수 있습니다. 그 과정에서 가치가 일원화되니까 일자리 시장에는 병목현상이 일어나고, 점점 더 힘들어지는 상황이 발생하겠죠. 가령, 같은 해에 입사해 비슷한 연봉을 받는 두 직원의 결혼과 출산 경험도 근무 지역이 어디인지에 따라 달라질 것입니다. 인구 밀도가 극도로 높은 서울이나 수도권에 근무하는 직원은 혼인과 출산을 미루거나 포기할 개연성이 클 것이고, 저밀도 지역에서 근무하는 직원은 반대의 성향을 보일 것입니다.

결론적으로 말씀드리면, 현재의 저출산 현상은 진화학자인 제가 보기에는 주위 환경에 오래 적응해온 인간 마음이 본능적으로 반응한 결과라고 이해할 수 있겠습니다.

경쟁에 대한 심리적 밀도를 줄여야 한다

그렇다면 정책은 왜 실패했다고 할 수 있을까요? 정부는 2006년부터 저출산·고령사회기본법을 만들고 지난 10여 년 동안 매년 평균 10조 이상의 예산을 들여 저출산 문제를 해결하고자 노력했습니다. 조금 더 자세히 살펴보면, 저출산 관련 예산 가운데 대략 70퍼센트를 보육 환경 개선에 집행했습니다. 최근에는 청년들의 복지제도 확충 방향으로 예산을 집행하고 있습니다. 하지만 우리는 앞선 논의의 관점에서 이렇게 자문해봐야 합니다. '경쟁에 대한 지각을 줄여주는 데 예산을 사용했는가?' 예를 들어 청년복지를 높인다는 명목으로 그들에게 지출가능항목을 정해주고 그 항목들에 대해서만 복지비를 사용하게 하면(가령, 각종 시험 대비 학원비 지원), 복지비는 투입되었지만 결과적으로 비슷한 목표를 두고 더 경쟁하도록 만들었기에 경쟁 지각은 오히려 증가할 수 있습니다. 만일 청년들이 좀 더 다양한 경험을 할 수 있도록 복지 비용

최근에는 청년들의 복지제도
확충 방향으로 예산을 집행하고 있습니다.
하지만 우리는 앞선 논의의 관점에서
이렇게 자문해봐야 합니다.

'경쟁에 대한 지각을 줄여주는 데
예산을 사용했는가?'

을 유연하게 지출했다면 이렇게까지 저출산이 심각해지지는 않았을 것입니다.

자, 이제 출산과 경쟁의 관계에 대해 더 큰 틀에서 이야기를 해보고 마무리하려고 합니다.

왜 우리는 출산을 경쟁과 연결지어야 할까요? 우리가 생물이기 때문입니다. 인간도 자연선택natural selection의 산물입니다. 자연선택에 의해 생명의 진화가 일어납니다. 변이는 늘 존재하고, 그 중 어떤 것은 생존과 번식에 차이를 불러일으킵니다. 개체 간의 경쟁을 통해 어떤 변이가 선택되고, 그것이 다음 세대에도 대물림된다면, 자연선택에 의한 진화가 완성되는 것입니다.

그렇다면 생존과 번식에 차이를 불러일으키는 변이들이란 구체적으로 어떤 것들일까요? 예를 들면 포식자를 잘 피해야 하고, 올바른 음식을 잘 골라야죠. 독 있는 음식을 먹으면 안 됩니다. 그리고 생존에 유리하더라도 짝을 유혹하지 못하거나 잘못 고르면 번식에 실패합니다. 번식의 성공도가 낮아지는 것입니다. 그리고 '언제 얼마나 낳을 것이냐'도 매우 중요합니다. 너무 빨리 낳는 바람에 새끼의 생존력이 약해 다 죽어버려서는 안 되기 때문입니다. 한편 너무 늦게 낳을 경우 출산 확률을 낮출 수도 있습니다. 그래서 언제 얼마나 낳을 것인가를 결정하는 메커니즘도 적응적 형질이라고 할 수 있습니다. 이것이 바로 출산 문제에 대한 다윈주의적 접근입니다.

사실, 다윈 이전에 이 문제를 직접적으로 고민한 학자가 있었습니다. 최초의 정치경제학자라 할 수 있는 맬서스입니다. 다윈이 그에게서 엄청난 영감을 받았다고 하지요. 맬서스가 다윈에게 어떤 영향을 주었는지를 보기 위해 최근에 다윈의 자서전을 다시 훑어봤습니다. 다음과 같은 문장을 발견하고 반가웠습니다.

　"체계적으로 탐구를 시작한 지 15개월이 지난 1838년 10월의 어느 날, 우연히 재미 삼아 맬서스의 《인구론》을 읽었다. 동식물의 습성에 대한 오랜 관찰을 해온 나는 맬서스가 서술한 생존 투쟁의 개념을 접하고 깨달았다. 투쟁 상황에서 선호되는 변이들은 보존되지만 그렇지 않은 것들은 소멸되는 경향이 있다는 사실을 말이다. 그 (경향의) 결과는 새로운 종의 형성이다. 마침내 내가 작업해야 하는 이론을 얻게 된 것이다."

　저는 여기서 저출산 문제를 병리적 관점이 아닌 진화적 관점으로 이해해보려고 했습니다. 새로운 관점이라 생각되시는지요? 저는 이제야말로 맬서스가 다윈을 다시 만날 때라고 생각합니다.

모색
2

콜라,
딸기우유,
탕후루가
저출산 원인?

장구

장구

서울대학교 수의학과를 졸업하고, 동 대학원에서 석사와 박사학위를 받았다. 시험관 송아지 연구를 통해 생명 탄생의 신비로움에 흥미를 느껴 동물의 생식세포를 연구하면서 〈네이처Natute〉 〈네이처 커뮤니케이션Natute Communications〉 등의 학술지에 100여 편의 논문을 발표했다. 2015년 대한수의학회 젊은 과학자상, 2016년 서울대학교 수의과대학 바이오노트 올해의 논문상을 수상했다. 또한 20년간 동물의 임신과 출산 진료를 해오면서 얻은 경험을 바탕으로 관악구와 서울대학교 수의과대학 동물병원이 함께하는 인문학 강의를 포함한 다수의 강의를 진행하고 있다. 저서로 《동물을 돌보고 연구합니다》《우리 멍이가 임신했어요》가 있다. 서울대학교 수의과대학에서 동물의 생식세포를 활용해 질병에 대한 기초 연구 활동에 매진하고 있으며 더불어 진료도 꾸준히 하고 있다.

수의사가 저출산과 무슨 관련이 있어 이 책에 참여하게 되었을까 의아해 하실 것 같습니다만, 저는 출산 현장의 최전선에서 일하고 있습니다. 시험관 아기(동물)가 제가 진행하는 주요 연구주제이기도 합니다.

20년간 서울대학교 동물병원에서 산과를 담당하면서 많은 동물의 출산, 그 생명의 시작을 눈앞에서 경험해왔습니다. 임신한 반려견의 초음파 검사를 받으러 내원하는 보호자의 정성에 감동을 받곤 하는데, 그럴 때면 제 아내와 함께 아내 뱃속에서 커가는 아이의 모습을 초음파로 관찰했던 기억이 떠오르기도 합니다. 사람과 동물이 겪는 임신과 출산은 매우 비슷합니다. 그 과정은 사람이든 동물이든 형언하기 어려운 가슴 벅찬 감정을 자아내지요.

그렇다고 인간과 동물의 출산에 다른 점이 없는 것은 아닙니다. 저출산 현상으로 국한해보면, 인간의 경우 주로 사회문화적이거나 경제적인 요소가 원인이지만, 동물의 경우 거의 생물학적인 문제가 원인이 됩니다.

생명의 시작

생물학적으로 생명의 시작은 수정fertilization으로부터 시작됩니다. 최근에는 현미경/카메라와 같은 촬영 장비 기술이 좋아지면

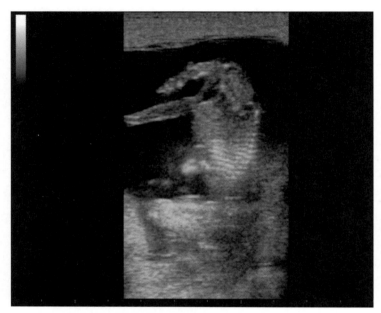

임신한 소의 초음파 영상(임신 60일령 촬영)

서 정자와 난자가 만나 수정되는 모습을 좀 더 정확하게 관찰할
수 있게 되었죠. 이렇게 고해상도로 관찰하면 동물마다 난자 형
태에 차이가 있으며, 더 나아가 생물학적인 기능 또한 다름을 발
견할 수 있습니다.

포유동물은 엄마의 핵(N)과 아빠의 핵(N)이 수정되어서 2N이
되어야 하며, 2N의 상태에서 세포분열을 시작합니다. 일반적으로
세포의 핵은 현미경으로 관찰해도 육안으로는 잘 보이지 않기 때
문에 염색을 합니다. 그러면 핵이 파랗게 빛을 내서 위치를 파악

해 관찰할 수 있게 되지요. 핵 안에는 염색체가 있고, 다시 그 안에서 각종 기능을 담당하는 유전자들이 활동하고 있는데 이 유전자의 활동이 잘못되면 질병에 걸리기도 하고, 유전병이 생기기도 합니다.

이렇게 수정된 동물(인간)의 배아는 세포분열을 거듭합니다. 처음에는 똑같은 형태로 분열하지만, 두 개가 네 개로 변하는 시점부터 겉으로는 같아 보여도 내부에 있는 핵의 모습이 조금씩 달라집니다. 그래서 시간이 지날수록 세포 수는 증가하지만 각각의 세포가 자라는 속도는 조금씩 차이가 나게 되는 것이지요. 약 5~7일간 세포분열을 하면 수정된 배아는 이제 서로 다른 특징을 가진 세포로 분화됩니다. 이때를 '배반포'라고 부르며, 이 시기에 일부 세포는 태반으로 가고, 일부 세포는 기관organ으로 발달합니다. 이후 배아는 착상을 해야만 생존할 수 있습니다.

자궁 내에서 성공적으로 착상한 뒤 다양한 기관이 분화 및 성숙하면 이제 우리가 알고 있는 장기의 모습들이 관찰되기 시작합니다. 보통은 초음파 영상을 통해 이를 확인할 수 있습니다. 임신한 동물의 자궁에 초음파가 들어오면, 가만 있던 태아가 마치 살아 있다는 것을 알리기라도 하려는 듯 반응을 보여줍니다. 임신한 제 아내의 뱃속에 초음파를 보냈을 때에도 아기가 꿈틀거렸던 기억이 생생합니다.

포유동물들의 임신 기간은 매우 다양합니다. 임신 기간이 가장 짧은 동물은 설치류(쥐)로, 약 21일간의 임신 기간이 지나면 4~10마리의 새끼가 태어납니다. 가장 임신 기간이 긴 동물은 코끼리입니다. 무려 640일인데요. 코끼리 한 마리가 태어나려면 약 2년을 기다려야 합니다.

많은 동물 가운데 소의 임신 기간이 사람의 임신 기간과 가장 비슷합니다. 또, 사람과 마찬가지로 소도 송아지를 한 번에 한 마리를 낳는 것이 보통입니다. 인간의 경우 간혹 쌍둥이나 세쌍둥이가 태어나기도 하는데, 놀랍게도 한 번에 9명을 출산한 기록도 있습니다. 소의 경우도 시험관 송아지로 6, 7마리까지 낳은 기록이 있습니다.

임신 기간은 비슷하지만, 인간 아이는 송아지와 달리 태어나면 아무것도 하지 못합니다. 기어다니지도 못하고 혼자서는 서지도, 먹지도 못합니다. 하지만 송아지는 태어난 지 1시간쯤 지나면 바로 일어나서 걷고, 엄마 젖을 찾아 먹습니다. 동물들은 임신 기간이 다양하듯 태어난 뒤 살아가는 모습 또한 매우 다르지요.

임신 기간 동안 사람을 포함한 모든 동물은 엄마 뱃속을 떠나서 살아갈 수 있는 아주 기본적인 준비를 합니다. 적절한 면역 방어 기전도 없이 태어나므로 세상에 태어나는 즉시 주변 환경과 싸워야 하기 때문이지요. 하지만 가끔은 준비가 부족하거나 과해서 문제가 생기는 경우가 있고, 그럴 때 과학이 도움을 줍니다.

제왕절개로 강아지를 출산하는 수술실의 모습. 동물도
사람과 다를 것 없는 과정을 통해 세상에 나온다.

저출산 극복을 위한
노력

대부분의 동물은 암컷과 수컷이 같은 공간에 있으면 자연스럽게
번식이 이루어지고, 그 개체수가 유지되거나 증가합니다. 하지만
인간의 개입으로 인해 환경이 변화하게 되면, 예를 들어 서식지
가 파괴되거나 성별로 격리해 사육하면 생물학적으로 저출산 현
상이 일어날 수 있습니다.

　저출산을 야기하는 생물학적 원인을 규명하기 위해 많은 과학자

저출산을 야기하는 생물학적 원인을 규명하기 위해
많은 과학자가 노력해왔습니다.
'저출산'을 과학적으로 살펴보면,
불임과 난임으로 구분할 수 있습니다.

생물학적으로 보면, 오늘날 저출산 현상에는
난임이 어느 정도 기여하고 있고,
이를 해결하기 위해 여러 분야의 과학자들이
오랫동안 연구를 수행해오고 있습니다.

가 노력해왔습니다. '저출산'을 과학적으로 살펴보면, 불임infertility 과 난임low fertility으로 구분할 수 있습니다. 불임은 유전적으로, 혹은 특정 질병에 의해 영구적으로 출산을 못하는 현상을 뜻하고, 난임은 생식세포는 정상이지만 주변 환경 때문에 임신이 잘되지 않는 현상을 말합니다. 환경 변화 또는 대사성 질병으로 난소나 정소의 기능이 일시적으로 손상되면 난임이 생깁니다. 생물학적으로 보면, 오늘날 저출산 현상에는 난임이 어느 정도 기여하고 있고, 이를 해결하기 위해 여러 분야의 과학자들이 오랫동안 연구를 수행해오고 있습니다.

불임이나 난임을 극복하기 위한 가장 대표적인 방법으로는 체외 수정을 통한 임신이 있습니다. 사람의 생식세포(난자와 정자) 연구는 매우 제한적이어서, 이를 대신하여 쥐, 돼지, 토끼, 양, 소 등 다양한 동물의 난자와 정자를 사용하고 있지요. 실험실에서 수정된 동물들의 배아가 어떻게 변화하는지를 연구한 결과, 1978년 처음으로 실험실에서 수정된 인간 배아가 착상되어 시험관 아기가 태어났습니다. 과학적으로 엄밀히 따지자면 '체외 수정 유래 아기'라고 불러야 하지만, 시험관에서 수정이 이루어졌다고 해서 '시험관 아기test tube baby'로 더 잘 알려져 있지요. 2018년은 시험관 아기 루이스Louise가 태어난 지 40년 되는 해였습니다. 시험관 아기 연구는 불임 및 난임 극복을 위한 과학적 진보를 이루어냈다는 평가를 받았고, 연구를 주도한 로버트 에드워즈는 2010년 노

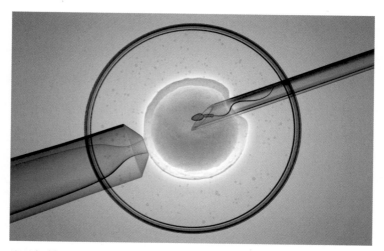

1978년 처음으로 실험실에서 수정된 인간 배아가 착상되어 시험관 아기가 태어났다.

벨 생리의학상을 수상했습니다.

시험관 아이가 세상에 나왔을 때, 전 세계는 크게 놀랐습니다. 사람이 생명을 인위적으로 만들어낼 수 있다는 사실에 충격을 받은 것인데요. 윤리적이고 종교적인 신념 때문에 많은 사람이 거부 감을 드러냈지만, 40여 년이 지난 오늘날 시험관 아기 기술은 없어서는 안 될 중요한 과학의 성취로 자리매김했습니다. 지난 40년 간 전 세계적으로 800만 명 이상이 시험관 아기로 태어난 것으로 보고되었으며, 앞으로 더욱 증가할 것으로 예상됩니다. 최근에 국 내에서도 아기를 갖고 싶지만 여의치 않은 부부에게 시험관 아기 시술을 적극적으로 지원하고 있습니다.

시험관 아기 기술의 발달은 저출산에 대한 생물학적 해결책이 된 것 이외에도, 발생생물학의 비약적 발전에 영향을 주었다고 할 수 있습니다. 그 비약적 발전의 예로는 크게 두 가지가 있습니다. 간단하게 소개하면 아래와 같습니다.

첫 번째로는 복제 동물의 탄생입니다. 1997년 탄생한 복제 양 '돌리'는 기존의 개념을 뒤집는 역사적인 사건의 주인공이었습니다. 생식세포가 아닌 체세포를 통해 동물이 태어날 수 있다는 사실은 정말 놀라운 일이죠. 복제 동물 연구는 사람을 제외한 다양한 포유류에 적용되었고, 현재까지 복제 소, 복제 돼지 등 수천 마리 이상의 동물이 태어났습니다. 최근에는 사람과 유전적으로 가장 가까운 원숭이가 복제되어 건강하게 탄생했습니다. 이제 복제 동물 연구는 단순하게 유전자가 같은 동물을 만들어내는 수준을 넘어서, 복제하기 전 대상 동물에 특정 기능의 유전자를 이식하거나 제거하는 맞춤형 동물까지 태어나고 있습니다. 얼마 전 맞춤형 복제 동물 기술을 적용해 사람의 유전자를 가진 원숭이를 탄생시키는 데 성공했다는 연구 결과가 과학계에 보고되기도 했습니다.

두 번째는 시험관 아기 기술을 모계 유전병을 가진 사람들에게 적용해 아이가 태어나기 전에 미리 질병을 치료하는 사례입니다. 모계 유전병 중에서 세포내 소기관인 미토콘드리아에 이상이 생겨 질병이 발생하는 경우, 이를 건강한 미토콘드리아를 가진 여성의 난자와 결합하는 방법입니다. 이를 '세 부모 아이three-parent baby' 방법이라고 합니다. 이를 통해 실제로 유전병이 없는 다수의 건강한 아이가 태어났습니다. 그리고 유전병의 원인을 이해하기 위해 시험실에서 지속적으로 수정된 배아를 생산 연구하면서 착상이 가능한 배아를 안정적으로 만들 수 있게 되었죠. 이제는 그 배아와 유전자 교정 기술이 결합되면서 맞춤형 아이의 탄생을 예고하게 되었는데, 실제로 중국에서 이 같은 시도가 있었습니다. 이렇게 시험관 수정 기술과 유전병 치료 기술의 결합은 선천적 질병 치료에 도움이 되는 한편으로, 인간의 지능이나 외모 등을 맞춤형으로 조작할 수도 있어 윤리적인 문제가 제기됩니다.

저출산의 다양한 원인

서두에서 동물의 저출산은 대개 생물학적 원인에서 비롯된다고 말씀드렸습니다. 그런데 생물학적 원인 이외의 원인으로 동물의 출산율(임신율)이 떨어질 가능성도 충분히 있습니다. 대표적인 예가 바로 환경오염입니다. 특히 환경호르몬 문제가 심각합니다. 미국의 동물학자 테오 콜본, 다이앤 듀마노스키, 존 피터슨 마이어 등이 공저한 《도둑맞은 미래Our Stolen Future》라는 책은 환경호르몬에 노출된 동물들이 생식기관의 이상으로 인해 불임이 될 수 있다고 경고합니다. 어린아이가 환경호르몬, 정확히는 '내분비계 교란 물질endocrine discruptors'에 노출되면 정상적인 생식세포가 형성되지 않을 수 있습니다. 이미 환경호르몬이 야생동물의 번식 (출산)에 악영향을 끼쳐 종의 생존 자체가 위협받을 수 있음을 경고하는 연구들도 활발히 이루어지고 있습니다. 우리 일상에서도 '환경호르몬 없는' '환경호르몬을 차단한' 제품을 특히 아이들 용품에서 찾아볼 수 있지요.

또 다른 중요한 이슈는 미세플라스틱입니다. 2023년 발표된 미세플라스틱 연구 결과는 정말 충격적이었습니다. 독일 연구그룹이 발표한 연구 논문 발표에 따르면, 미세플라스틱이 사람과 소 난소의 난자에서 확인되었다고 합니다. 미세플라스틱의 영향으로 난자가 수정하는 데 어려움을 겪을 수 있다는 것이지요. 아직 과학적 인과관계를 밝히려면 후속 연구와 검증이 필요합니다만, 내분비계 교란 물질보다 더욱 무서운 물질일지도 모른다는 생각에 소름이 돋습니다.

아직 수면 위로 드러나지 않았지만, 대사성 변화 또한 번식에 문제가 될 수 있습니다. 예를 들어 나이 어린 암컷 동물이 비만이 되거나 스테로이드 함량이 높은 물질을 오랫동안 섭취하면 성기관 발달에 영향을 주어 영구 불임 혹은 난임이 될 수 있습니다. 비만이 되면 지방의 양이 많아지고, 그 지방에서 분비되는 여성호르몬, 렙틴 등의 분비가 정상치보다 높게 증가하죠. 그렇게 되면 뇌의 생식세포 호르몬 조절에 이상이 생기고, 결국은 난소 및 정소의 기능에 영향을 주어 난임으로 이어지는 것입니다. 동물의 경우는 사람이 사료를 통제하기 때문에 비만으로 인한 불임 및 난임이 치료 가능하지만, 인간의 경우는 이 문제를 어떻게 해결할지 진지하게 고민해볼 필요가 있습니다.

저도 어린 두 아이를 데리고 가끔 외식을 하는데, 그때마다 목격하는 장면이 있습니다. 아이들이 콜라, 라면, 빵 같은 다양한 인스턴트식품에 지나치게 노출되어 있어요. 학원 수업을 마친 초등학생, 중학생들이 편의점에서 딸기우유, 초코우유, 햄버거, 라면을 먹고 있는 모습을 정말 자주 봅니다. 최근 유행은 탕후루더군요.

성조숙증 비율이 증가하고 있다는 뉴스를 한 번쯤 접하셨을 텐데요. 지속적이고 과도한 탄수화물 섭취로 인한 대사성 변화(비만)가 중요한 원인으로 꼽힙니다. 과도한 탄수화물에 노출된 아이들이 성인이 되면 불임이나 난임으로 고통받을 확률을 간과할 수 없습니다. 지금은 사회문화적, 경제적 요인에 가려져 있는 생물학적 요인이 저출산의 주요한 원인으로 대두될 수 있는 것입니다. 지금부터라도 작은 실천을 통해 대비해야 한다고 생각합니다. 벌써 사회적으로 이런 움직임이 엿보입니다. 2015년부터 서울시는 아이들의 과도한 당 섭취를 줄이기 위해 탄산음료 및 혼합 음료를 판매하는 자동판매기의 학교 내 설치를 전면 금지하고 있으며, 2018년 식품의약품안전처는 학교에서 커피를 포함한 고카페인

과도한 탄수화물에 노출된 아이들이
성인이 되면 불임이나 난임으로
고통받을 확률을 간과할 수 없습니다.

지금은 사회문화적, 경제적 요인에
가려져 있는 생물학적 요인이
저출산의 주요한 원인으로
대두될 수 있는 것입니다.
지금부터라도 작은 실천을 통해
대비해야 한다고 생각합니다.

식품을 팔 수 없도록 법을 개정했습니다. 나아가 집에서 부모님들도 아이들이 콜라, 라면 등과 같은 인스턴트식품에 노출되지 않도록 노력하는 등의 실천이 필요합니다.

기후변화도 동물의 저출산 원인 가운데 큰 비중을 차지합니다. 2018년 여름 사상 초유의 무더위에 많은 사람이 고생했는데, 동물들도 이런 무더위가 찾아오면 임신에 어려움을 겪습니다. 특히 제가 주로 연구하고 있는 소가 그렇습니다. 한편 인간의 경우 기후변화로 인한 저출산의 문제는 다른 측면에서 생각해볼 수 있습니다. 바로 일하는 환경과 관련이 있습니다. 남성의 고환은 체온보다 1, 2도 낮아야 정자가 정상적으로 유지되는데, 장시간 앉아서 일하는 남성은 그 조건을 충족하기 어렵습니다. 이외에도 저출산의 원인이 될 수 있는 작업 환경은 많습니다. 화학물질을 생산하거나 용광로와 같이 고온에서 일하는 공장, 내분비계 교란 물질인 환경호르몬을 다루는 작업 환경 등이 그것입니다. 이런 환경에 지속적으로 노출되면 미약한 수준일지도 정자 생산에 영향을 받게 됩니다. 또한 야간 근무로 인해 수면을 방해받는 경우에도 호르몬에 변화가 일어나 저출산을 초래할 수 있습니다.

동물의 번식 문제를 해결하기 위한 방법 중 하나가 생식세포의 동결 보관입니다. 배아 연구를 위해 확보한 정자는 수명이 매우 짧아 배양되지 않은 상태에서 1, 2일이 지나면 폐기해야 하는 단점이 있습니다. 어렵게 얻은 생식세포이니, 연구자들은 이 정자를 냉동고에 보관해두고 필요한 시기에 녹여서 활용하고자 동결 보관법을 완성한 것이죠. 확보된 정자를 액체질소(-196도)에 동결해서 보관하면 이론적으로는 반영구적 보존이 가능합니다. 실제로 40여 년 전에 동결해 보관해두었던 소의 정자를 해동해 송아지가 성공적으로 태어났으며, 사람의 경우 체외 수정으로 만들어진 배아를 25년간 액체질소에 보관했다가 해동해 아이가 태어나기도 했습니다.

　냉동 배아로 인해 웃지 못할 일이 발생하기도 합니다. 체외 수정 유래 아기(시험관 아기)를 낳기 위해 여성의 난소에서 여러 개의 난자를 회수합니다. 이렇게 확보된 여러 난자가 정자와 만납니다. 수정이 성공적으로 이루어진 배아가 1, 2개인 경우에는 모두 사용합니다. 1명 또는 2명의 아이가 태어날 수 있습니다. 만약 성공적으로 수정이 이루어진 배아가 10개라면 1, 2개는 바로 임신에 사용되지만, 남은 배아는 폐기하지 않고 액체질소에 보관합니다. 법적으로 냉동된 배아는 수정할 당시 부부의 소유인데, 이들 부부가 이혼하기도 하지요. 그 뒤로 10년이 흐른 어느 날, 둘 중 한 명이 이혼 전의 배아로 아이를 갖고 싶어합니다. 그런데 상대가 거부합니다. 그럼 어떻게 되는 것일까요? 이런 일이 최근 미국에서 발생해 법정 소송까지 갔다고 합니다. 만약 냉동 배아를 통해 아이가 태어나게 되면, 10년 터울이 지는 이란성 쌍둥이가 다른 부모에게서 태어나는 상황이 발생할 수도 있습니다.

이렇게 생식세포를 액체질소에 동결해 보관하는 방법을 연구하는 분야를 동결과학이라고 부릅니다. 성서 속 노아의 방주는 모든 동물의 암컷과 수컷을 함께 태워 생물계는 유지한 채 재난을 피했는데, 오늘날에는 필요한 생식세포를 액체질소에 보관하면 종을 보존할 수 있을 뿐만 아니라 다양한 연구에도 도움을 받을 수 있습니다.

출산의 의미

최근에 보도된 안타까운 사연이 있습니다. 지구상에 유일하게 살아남았던 북부흰코뿔소 수컷이 세상을 떠난 것입니다. 이제 남은 북부흰코뿔소는 암컷 두 마리뿐입니다. 정상적인 임신뿐만 아니라, 체외 수정과 같은 보조 생식술도 현재로서는 적용이 불가능합니다. 지금 이 순간에도 지구상에는 우리가 미처 알지 못하는 많은 동물이 멸종위기의 위험에 놓여 있습니다. 이들 동물의 불임, 난임, 멸종위기와 같은 번식(출산)의 문제를 해결하기 위해 앞서 언급한 체외 수정, 복제 배아, 동결 배아 및 정자, 줄기세포 확립 등 첨단 연구들이 연구실에 이루어지고 있으며, 더 나아가 실제로 적용하려는 시도도 이루어지고 있습니다.

양과에 속한 무플런mouflon이라는 품종의 보존이 그 예입니다.

멸종위기종인 이 동물이 도로에서 차에 치여 죽자 이 죽은 동물의 세포를 바로 확보한 다음 양의 난자와 결합해 죽었던 무플런이 다시 태어났다는 보고가 2001년에 있었습니다. 또한 2007년 우리나라 동물원에서 죽은 회색늑대의 체세포를 개의 난자와 결합해 복원했고, 2020년 미국에서는 멸종위기종인 검은발족제비가 같은 방식으로 복제되어 태어났습니다. 이 외에도 동물원에서 코뿔소의 체세포를 보관한 뒤 '역분화 줄기세포'를 확립해 향후 체외에서 정자와 난자를 만들려는 시도도 있습니다. 아직은 연구실에서 이루어지는 실험 수준이지만, 인공 자궁을 만들거나 인공 착상을 하려는 연구들도 진행 중입니다.

저는 동물의 출산 문제를 과학에 한정에서 접근하면, 상상 이상의 기술적 발전을 이룰 수 있다고 생각합니다. 하지만 첨단과학의 발달은 윤리적 문제를 몰고 오지요. 최근 중국에서 유전자 가위 적용 아이가 탄생한 것이 그 예입니다. 과학기술은 날로 발전하고 있지만, 실험실 밖에서는 매우 조심스럽게 적용되어야 할 것입니다.

동물의 출산을 연구하는 저는 생명의 소중함을 누구보다도 실감하고 있습니다. 동물이 탄생하는 과정은 생명의 존엄성을 드러내는 과정입니다. 아울러 인간의 출산과 질병 치료에 임상적으로 도움을 주는 과정이기도 합니다.

사람도 마찬가지겠지만, 동물병원에 오는 동물들에게는 저마다 사연이 있습니다. 시험관 아기를 갖기 위해 몇 차례 노력했지만 끝내 실패한 부부가 강아지를 입양한 적이 있었습니다. 가족처럼 지내던 그 강아지의 임신 소식을 접하자 부부는 마치 딸이 임신한 것처럼 기뻐하더군요. 강아지가 세상에 나오자 부부의 얼굴은 세상 어느 누구보다 행복해 보였습니다. 수의사로서 곁에서 지켜보는 것만으로도 가슴 뭉클한 감격의 순간이었습니다.

사람에게 출산과 새로운 가족의 탄생은 더 큰 감동의 원천일 것입니다. 앞서 살펴본 저출산 요인에 대한 적극적인 대처가 필요한 이유가 바로 여기에 있습니다.

행복감,
아이를 세상에
착륙시킬 활주로

서은국

서은국

연세대학교 사회복지학과 졸업 후 미국 일리노이 대학교(어버너 샘페인Urbana-Champaign 캠퍼스)에서 행복 분야 권위자인 에드 디너Ed Diener 교수의 지도를 받아 심리학 박사 학위를 받았다. 캘리포니아 주립대학교(어바인Irvine 캠퍼스)에서 교수 생활을 시작했고, 4년 뒤 이 대학에서 종신 교수직을 받았다. 세계에서 가장 활발하게 인용되는 행복심리학자 중 한 명으로, 발표한 논문들은 OECD 행복 측정 보고서에 참고자료로 사용되고 있으며, '세계 100인의 행복 학자'에 선정되어 《세상의 모든 행복World Book of Happiness》에 기고했다. 현재 연세대학교 심리학과 교수로 있으며, 저서 《행복의 기원》과 강연을 통해 행복이 삶의 목적이 아닌 '도구'라는 새로운 관점을 제안하고 있다.

인간도 진화의 산물인 생명체이므로 인간에게도 모든 동물에 공통된 생물학적 원리들이 적용됩니다. 하지만 재생산 결정 과정에서 인간에게만 영향을 주는 독특한 요인도 있습니다. 그중 하나가 감정이라는 경험이고, 특히 자신의 현재와 미래에 대한 전반적 평가를 담은 행복감이 재생산과도 관련있습니다. 행복을 전공한 심리학자로서 저는 이 부분에 대해 말씀드리려고 합니다.

인간이라는 생명체는 참으로 흥미롭고도 복잡합니다. 먹지도 못하는 수많은 책이 빽빽하게 꽂혀 있는 도서관을 떠올려보세요. 생존에 직접적인 도움이 되지 않는 종이 묶음을 진열해놓고 뿌듯함을 느끼는 동물은 아마 인간이 유일할 것입니다. 그래서 자칫 잘못하면 인간은 지구상 다른 생명체와는 질적으로 구분되는 특별한 존재라는 착각에 빠질 수도 있습니다. 하지만 지능이 매우 높다 하더라도 인간은 여러 종의 생명체 중 하나일 뿐입니다. 생존과 출산 과정에서 다른 동물들이 당면하는 근원적 과제들, 또 그 해결책을 모색하는 과정이 인간의 삶에도 고스란히 적용되기 때문입니다.

인간의 민낯

|

이런 동물적인 인간의 모습을 여과 없이 직시하도록 하는 생물학

계의 발견이 하나 있습니다. 광우병을 기억하실 겁니다. 불과 몇 해 전 광우병 공포로 온 세상이 겁을 먹었지만, 사실 생물학자들이 우려했던 만큼 인명 피해가 크지는 않았습니다. 물론 다행스러운 일이었지만, '이상할 정도로' 피해가 적었던지라 과학자들은 의문을 품습니다. 무엇이 인간을 광우병으로부터 보호한 것일까?

해답은 바로 광우병의 원인으로 지목되었던 단백질 변형에 대해 우리가 이미 면역 시스템을 가지고 있다는 사실이었습니다. 과거 호모 사피엔스가 인육을 자주 섭취했던 것입니다. 이렇게 과거 인류는 지금으로서는 믿기 어려운 동물적 면모를 갖고 있었습니다.

사실 우리는 운전을 하고 휴대폰을 만지작거리는 일상이 매우 자연스러운 나머지 그 모습이 우리의 전부라고 생각합니다. 눈에 보이는 것에 갇혀 더 큰 그림을 보지 못하는 것입니다. 여러분과 저는 호모 사피엔스 중 아주 '기이한' 존재들입니다. 학자들은 인류의 역사를 대략 600만 년 정도로 추정합니다. 이 긴 시간을 1년으로 압축하면, 호모 사피엔스는 얼마만큼의 기간 동안 문명인의 삶을 살았을까요? 불과 2시간 정도라고 합니다. 즉, 호모 사피엔스의 1년 중 364일 22시간 동안의 삶은 지금의 모습과 매우 달랐습니다. 인간이 무한한 긍지를 가지고 있는 우리의 뇌는 이렇게 책을 읽고 토론을 하기 위해 설계된 것이 아닙니다.

인간의 뇌 역시 모든 생명체가 해결해야 했던 과제(생존과 재생산)에 특화된 도구입니다. 위험을 감지하고 체온을 유지하는 기본적 생존 과제뿐 아니라, 다른 호모 사피엔스와 원만한 관계를 형성하고 유지하는 것이 절대적으로 중요했습니다. 매우 발달된 이 사회적 기능이 우리 뇌가 가진 가장 독보적인 특이점입니다. 인간은 혼자 생존하기에는 나약한 존재였기 때문에 철저히 사회적인 동물이 되었습니다. 먹이 사슬의 중간 정도에 위치했던 인간은 맹수로부터 서로를 보호하고 사냥하기 위해 협력해야 했고, 수년의 시간을 투자해야 하는 자녀 양육 과정에서도 타인의 도움이 절실히 필요했습니다.

이렇게 타인을 적절히 이용하기 위해서는 고도의 지능이 필요하겠지요. 저 친구의 속마음이 무엇인지 알아야 했습니다. 지금 나의 귀한 고기를 나누어주면 훗날 나에게도 그가 호의를 베풀지 아니면 기억상실증 환자 놀이를 할지 판단해야 했습니다. 매우 중요하고도 복잡한 생각과 판단을 요구하는 이 과정에서 인간의 뇌가 극도로 발달하게 되었다는 것이 로빈 던바Robin Dunbar와 같은 학자들이 주장하는 '사회적 뇌 가설social brain hypothesis'의 핵심입니다. 바로 이 사회적 과제 해결을 위해 초성장한 뇌 덕분에 우리는 지구 반대편에 사는 친구와 화상 통화도 하고 화성 표면이 어떤 모습인지도 구경할 수 있게 되었습니다.

자연에 반역하는
인간

바로 이 막강한 뇌 덕분에 우리는 다른 동물과 다소 다르게 행동하게 되었습니다. 결론부터 말하자면, 인간은 다른 동물에 비해 특정 자극에 의해 반사적으로 표출되는 행동이 적습니다. 새나 물고기의 경우, '고정적 동작 패턴fixed action pattern' 형태의 행동이 자주 나타납니다. 특정 모양과 색을 띤 자극에 대해, 그와 짝을 이루는 구체적 반응(공격, 도망 등)이 자동적으로 나타나는 것입니다. 가령, 수정을 마친 수컷 가시고기는 다른 수컷 경쟁자들의 접근을 예민하게 경계합니다. 이때 라이벌 수컷들의 신체적 특징이 있습니다. 아랫배 부분이 붉게 변하지요. 그래서 수컷 가시고기는 붉은 배와 비슷한 자극을 보는 순간 무조건 공격을 합니다. 심지어 실험실 어항에 붉은 페인트로 칠한 나무 모형만 띄워도 가차 없이 달려듭니다.

하지만 인간은 다르죠. 병원에서 첫아이의 탄생을 기다리는 아빠가 붉은 바지 입은 사람을 무조건 공격하지는 않습니다. 어떤 자극이나 상황을 접했을 때 기계적으로 특정 행동을 취하지 않고 매우 유연한 반응을 보입니다. 어떤 반응을 취하기 전 생각하고, 다른 사람과 의논도 해보고 인터넷 검색도 합니다. 그런 뒤, 아주 다양한 반응 옵션을 놓고 하나를 선택합니다. 아예 어떠한 반응도

하지 않는 경우도 있습니다. 또 어떤 경우는 자극의 내용과 전혀 무관해 보이는 반응을 보이기도 합니다.

한마디로, 특정 자극과 반응 사이에 '결정'이라는 중요한 단계가 개입된다는 것이 인간 행동의 큰 특성입니다. 물론 다른 동물들도 여러 종류의 결정을 하며 행동하지만, 인간에 비하면 상당히 단조롭지요. 인간의 경우 자기에게 고통을 주는 사람에게 다가가 웃으며 악수를 청하기도 하고, 수십 제곱미터의 개인 공간을 소유하기 위해 덜 입고 덜 먹으며 주택청약적금도 가입합니다. 물고기나 새의 입장에서는 도저히 이해할 수 없는 행위들이죠. 인간이 이토록 복잡하고도 유연한 행동 양식을 보일 수 있는 이유는 고도로 발달한 뇌에 있습니다. 인간의 뇌는 자연이 설계한 일련의 행동들을 수정, 지연, 혹은 거역하도록 하는 아주 극단적인 지시도 때로는 내립니다. 그래서 인간은 정치적, 종교적 신념을 지키기 위해 단식하기도 하고, 심지어 목숨을 내놓기도 합니다.

큰 그림에서 본다면, 현재의 저출산 문제도 인간의 막강한 뇌가 자연에 반해 행사하는 일종의 '반역'에서 기인하는 현상입니다. 좋고 나쁨을 떠나, 진화 과정에서 설계된 행동의 흐름을 자기 의지로 끊을 수 있는 능력을 인간이 행사하고 있다는 뜻이에요. 자연이 작성한 포유류의 인생 드라마 원본은 대강 이렇습니다. 사춘기가 되면 이성에 관심을 갖기 위해 호르몬이 증가하고, 이성을 만나면 육체적 욕망이 생기고, 이 욕구를 충족시키다보면 아이가 탄생한다. 대부분의 동물이 이 순서대로 살아갑니다.

하지만 높은 지능 덕분에 인간은 피임하는 방법을 발견했고, 이를 이용해 '자연산' 출산 드라마의 결말을 스스로 수정할 능력을 갖게 되었습니다. 자연의 입장에서 보면 기가 찰 수도 있고, 인간의 똘똘함에 감탄할 수도 있겠지요. 아무튼 이 영특한 뇌 덕분에 우리는 생명체로서의 자연적 운명을 바꿀 수 있는 존재가 되었습니다. 그렇다면, 인생의 행로를 바꾸는 중대한 결정들을 내리는 뇌는 어떤 정보를 담고 있으며, 그것을 우리는 어떻게 이용하는 것일까요?

밥상 차리는 감정, 수저 얹는 이성

열정 혹은 감정을 나타내는 영어 단어 passion과 '수동적이다'를 뜻하는 단어 passive는 어원이 같습니다. 고대 서양 철학자나 현인들은 감정을 인간의 탁월한 능력, 즉 생각의 힘을 무력화하는 일종의 방해꾼으로 보았습니다. 감정에 휩싸이면 냉철한 판단이나 자기 통제가 불가능해지는 매우 수동적인 존재로 인간이 전락한다고 생각한 것이죠. 고대 사상가들로부터 내려오는 감정에 대한 경계의 메시지, 혹은 부정적 편견의 흔적은 많은 심리학 이론에도 녹아 있습니다. 합리적 사고와 비합리적 감정이 맞붙은 대결에서 합리성에 판정승을 내려주는 경우가 많았던 것이죠. 하지만 이 시각이 최근에는 바뀌고 있습니다. 좀 더 큰 관점에서 보면 합리적 사고력보다 감정 시스템의 역할이 오히려 생존과 더 밀접하게 관련있을 수 있다고 여러 학자가 주장하고 나선 것입니다. 사실 우리보다 지구에 훨씬 오랫동안 성공적으로 적응해온 생명체들(가령, 악어나 공룡의 후손이라고 추정되는 잠자리)의 생존 비결은 높은 IQ가 아닙니다. 우리가 그토록 긍지를 느끼는 합리적 사고 능력이 자연에서 생명체가 성공적으로 생존하기 위한 필수 조건은 아니라는 뜻이죠.

그래서 최근 사회심리학에서도 감정의 중요성에 주목하고 있습니다. 인간도 정말 중요한 결정은 무의식적이고 감정적인 수준에서 처리하고, 이성적 생각은 큰 방향이 정해진 뒤 거기에 그럴듯한 설명을 붙이는 경우가 많다는 사실이 밝혀졌습니다. 이미 사랑에 빠진 뒤 상대의 장점을 손꼽아보는 모습과 비슷합니다. 이때 상대방이 좋은 이유를 차분히 생각해서 조목조목 나열해보도록 하면, 이 커플은 오히려 헤어질 가능성이 더 높아질 수도 있습니다.

유명한 심리학 연구를 하나 소개해드리겠습니다. 사회심리학 실험에 참여한 피험자들에게 수고의 보상으로 몇 개의 추상화를 보여준 뒤, 하나를 집에 가져가도록 했습니다. 한 조건(이유 조건)에서는 선택한 추상화가 왜 좋은지를 설명한 뒤 가져가도록 했습니다. 다른 조건(느낌 조건)에서는 아무 이유를 달지 않고 그냥 자기 느낌에 좋은 그림을 가져가도록 했지요. 몇 주 뒤, 연구자들이 피험자들에게 전화해서 이렇게 말했습니다. "혹시 지난번에 가져간 추상화가 마음에 들지 않으면 와서 바꾸어 가져도 돼요." 흥미롭게도, 그냥 느낌이 좋아서 그림을 가져갔던 사람들보다 왜 그 그림이 좋은지를 설명해야 했던 사람들이 더 많이 그림을 바꾸어 갔습니다. 즉, 인간의 결정과 선택에 강력한 힘을 발휘하는 것은 사실 생각보다 감정입니다. 그림 선택만이 아니라 출산과 같은 중대한 결정에도 해당됩니다.

이유와 논리는 감정이 내린 선택을 그럴듯하게 포장하는 역할을 하는 경우가 많습니다. 그러나 이런 감정의 위력을 우리는 잘 의식하지 못해요. 그래서 논리와 합리적 생각이 우리의 행동을 지배한다고 착각합니다. 그렇지만 어쩌면 정작 선택의 밥상을 차려 놓은 것은 감정적 느낌이고, 여기에 슬며시 수저를 올려놓는 것이 이성일 수 있습니다. 우리가 의식을 하든 못하든 감정적 경험은 우리 일상에 막대한 영향력을 행사하는데, 거기에는 그럴 만한 이유가 있습니다. 감정은 긴 진화의 여정에서 습득한 생존 지혜를 담고 있기 때문입니다.

감정은 왜 중요하고, 어떤 역할을 하는 것일까요? 아주 근원적인 질문을 하나 해보죠. 같은 생명체인데, 왜 감정은 선인장과 같은 식물에게는 없고, 침팬지와 같은 동물에게만 있을까요? 그것

우리가 의식을 하든 못하든
감정적 경험은 우리 일상에
막대한 영향력을 행사하는데,
거기에는 그럴 만한 이유가 있습니다.

감정은 긴 진화의 여정에서
습득한 생존 지혜를
담고 있기 때문입니다.

은 두 생명체의 각기 다른 생존 방식과 연관되어 있습니다. 한마디로, 움직임과 관련이 있습니다. 식물과 달리, 동물의 생사는 상황에 맞는 적절한 움직임과 직결됩니다. 독수리가 하늘에 출현해도 선인장은 바위 뒤로 숨지 않지만, 설치류는 재빠르게 피신하지요. 포식자 입장에서도 움직임의 기술을 연마해야 합니다. 사냥 기술이 부족한 새끼 사자는 그래서 어미의 도움 없이는 먹이를 구할 수 없습니다. 도망가야 할 때 도망가지 않거나 먹잇감이 있는데 멈추는 실수가 누적되면 동물은 치명적 대가를 치르게 됩니다.

동물 뇌의 최우선적 기능은 이런 움직임에 대한 판단과 수행입니다. 멍게의 경우를 예로 들어볼까요. 멍게는 유충일 때 개구리 올챙이와 비슷한 모양입니다. 유충 멍게의 해부도를 보면 작으나마 뇌도 있습니다. 물속에서 먹이를 구하러 열심히 돌아다니고, 또 먹잇감이 되지 않기 위해 도망 다니기도 하죠. 그러나 어린 시절을 무사히 넘겨 성체가 되면, 멍게의 라이프스타일은 확 바뀝니다. 더 이상 물속에서 헤엄치지 않고, 적당한 바위에 나무처럼 자신을 고정시켜버립니다. 이때부터 멍게는 한자리에서 물속 영양분을 섭취하며 정적인 삶을 살다가 생을 마감합니다.

만약 뇌의 가장 중요한 기능이 동작에 필요한 계산이라면, 멍게에게는 더 이상 뇌가 필요하지 않게 될 테지요. 그래서 성체가 된 멍게는 뇌의 아주 작은 일부분만 남기고 자신의 뇌를 먹어치웁니다. 알뜰한 동물, 멍게. 그래서 대니얼 데닛Daniel Dennett 같은 유

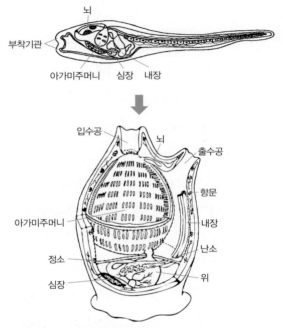

뇌

부착기관

아가미주머니 심장 내장

입수공   뇌

출수공

항문

아가미주머니

내장

정소

난소

심장

위

성체가 된 멍게는 뇌가 필요 없어진다. 생각과 감정이 없어진다.

명한 철학자는 멍게의 이런 모습이 정년보장을 받은 뒤 더 이상 뇌를 쓰지 않는 대학교수와 비슷하다는 농담을 남겼습니다. 정리하자면, 뇌는 식물에게는 별 쓸모가 없으며 동물에게 고유한 기관이고, 이것의 가장 중요한 기능 중 하나는 움직임을 통제하는 것입니다. 이 움직임을 통제하기 위해 개발된 중요한 뇌 '소프트웨어'가 바로 감정입니다.

그렇다면 어째서 어떤 동물은 뇌가 더 발달하고 어떤 동물은 그렇지 않을까요? 자극-반응의 연결 과정이 얼마나 복잡한지를 살펴보면 답을 얻을 수 있습니다. 뇌가 움직임을 관할하기 위해서는 우선 외부 환경을 파악해야 합니다. 얼마나 추운지, 수상한 녀석들이 보이는지, 있다면 얼마나 떨어져 있는지 세밀하게 관찰해야 하지요. 시각, 청각 등의 감각 기관이 이런 정보를 수집해서 뇌에게 전달합니다. 이 보고서를 전달받은 뇌는 어떻게 도망을 할지, 아니면 무시할지 등 반응을 고민하는 일종의 '회의실'입니다. 수집하는 정보의 종류가 많아지고, 그에 따라 대응할 수 있는 반응의 형태가 다양할수록 회의는 더 길고 복잡해집니다. 즉, 더 큰 뇌가 필요하게 됩니다. 감정 또한 더 복잡해지지요.

생명체 가운데 이 자극-반응 사이의 '회의'를 가장 심각하고 복잡하게 하는 동물이 인간입니다. 자극 분석 과정에서 방대한 양의 외부 정보를 수집할 뿐 아니라, 이전에 경험한 바를 통해 유사한 상황에서 얻었던 정보(기억)까지도 고려합니다. 그리고 눈에 보이는 정보를 통해 보이지 않는 상대방의 마음을 추론하기도 합니다. "내 말을 듣고 살짝 웃는 것을 보니, 저 친구는 내게 동의하는 것 같네"라는 식으로요. 반응 또한 매우 복잡합니다. 현재의 시간이나 공간을 초월한 반응을 할 수도 있고, 두 걸음 전진을 위해 한 걸음 후퇴를 하는 경우도 있지요. 이 모든 고민의 내용도 결국 언제, 어떻게, 어디로 나의 몸과 자원을 투자하고 움직일 것인가와 관련이 있습니다.

인간은 행동 결정 과정에서 이처럼 방대한 양의 정보를 고려하기 위해 뇌가 발달했고, 이 작은 신체기관에 전체 에너지의 20퍼센트를 쏟아붓습니다. 우리 뇌의 능력은 참으로 놀랍지만, 그래도 한계가 있습니다. 어떤 결정을 할 때 관련된 모든 정보를 수집, 분석, 처리하는 것은 불가능합니다. 양이 너무 많을 뿐 아니라 각 정보에 담긴 내용이 상충되는 경우도 있습니다. 특정 상황에 놓였을 때 A라는 정보는 앞으로 달려가라고 제안하지만, B라는 정보는 멈추는 것이 좋겠다고 제안합니다. 상충되는 수많은 정보를 일일이 비교 분석하는 것은 불가능하며 자연이 우리에게 허락하는 고민의 시간은 길지 않습니다. 뱀을 보고 도망갈지 말지를 오랜 시간 고민한 동물은 아마 지금 살아 있지 않을 것입니다. 사실, 자연에서 인간이 겪어온 대부분의 상황에서 행동 판단은 정확성보다 신속성이 더 중요했습니다. 논리적 사고는 정확하다는 장점이 있지만 신속하지 못합니다. 그래서 다소 역설적이지만, 많은 정보를 처리하는 생명체일수록 보다 간단한, 다른 형태의 처리법이 필요합니다. 디테일은 부족하지만, 신속하고도 강력하게 현재 상황을 처리할 수 있는 핵심 정보를 담은 시그널이 필요합니다. 그것이 감정입니다.

'파란' 감정과
'빨간' 감정의 차이

앞서 뇌는 움직임을 결정하는 도구라고 했습니다. 어떤 물체의 움직임을 결정하는 데 가장 중요한 축이 방향입니다. 앞으로 전진할지 뒤로 후퇴할지, 아니면 제자리에 머물 것인지를 결정하는 것이죠. 도로에서 운전하는 사람들에게도 이 결정은 매우 중요한데, 교통신호등은 이 지시를 간결하게 합니다. 파란불은 전진, 빨간불은 정지. 우리의 감정이 이와 아주 유사한 역할을 합니다. 감정은 매우 다양하지만, 모든 감정은 두 가지로 분류됩니다. 기쁨, 즐거움, 유쾌함, 재미와 같은 긍정적 감정들이 한 종류고, 다른 종류는 두려움, 슬픔, 역겨움과 같은 부정적 감정들입니다.

이 긍정, 부정 감정의 기능은 아주 단순하게 표현한다면 교통신호등의 파란불, 빨간불과 비슷합니다. 부정적 감정들은 우리를 위험으로부터 보호하고 소모적인 노력을 멈추게 합니다. 가령, 높은 절벽에서 떨어져 죽는 것을 막는 가장 좋은 방법은 처음부터 높은 곳에 오르지 않게 하는 것입니다. 불안과 공포심이 바로 이 역할을 합니다. 그리고 유한한 에너지를 가진 생명체는 이 값진 자원을 낭비해서는 안 됩니다. 그래서 결실이 없거나 확률이 낮은 투자는 멈추어야 합니다. 가령, 너무 긴 시간의 짝사랑에는 슬픔이라는 감정이 발동해 '스톱'의 기능을 합니다. 보다 확률이 높은 새로운 곳에 투자를 하기 위해서는 우선 현재 손실이 큰 투자를 멈추어야 하기 때문입니다. 부정 정서는 뇌에서 켜는 빨간 신호등입니다. 취업난, 극도로 경쟁적인 사회 분위기, 환경 문제, 높은 집값 등이 출산을 결정하는 과정에서 켜지는 빨간 신호등일 수 있지요.

동물이 정지 상태에만 있다면 생존하지 못합니다. 위험을 피하는 것도 중요하지만, 에너지 확보를 위해 생존 자원들을 적극적으로 찾아나서야 합니다. 기본적으로 음식을 확보해야 하고, 또 유전자를 남기고 자녀 양육에 성공하기 위해서는 친구와 연인이 필요하죠. 생존과 재생산에 꼭 필요한 이 같은 자원에 관심을 갖고 그것을 좇도록 만드는 것이 긍정 정서의 근본적 역할입니다. 음식을 먹는 즐거움이 없으면 사냥할 동기를 잃게 될 것이고, 그 결말은 영양실조로 인한 사망이겠죠. 마찬가지로 사람(특히 이성)을 만나는 즐거움이 없으면 사회적 영향실조에 걸리는 것이고, 이것의 결말 또한 같습니다. 긍정 정서는 목표물을 향해 돌진하도록 하는 에너지를 주는 파란 신호등입니다.

긍정, 부정 정서가 가진 상반된 특성이 있습니다. 두려움이나 불안감 같은 부정 정서는 우리로 하여금 시공간에 대한 주의를 좁히고 목전의 작은 디테일에 주목하도록 만듭니다. 설거지를 하다 바퀴벌레 한 마리를 보게 보면 그 순간부터 모든 주의는 부엌 바닥의 틈새로 몰리게 됩니다. 반면, 긍정적인 정서는 우리의 생각과 시각을 확장시킵니다. 심리학자 바버라 프레드릭슨Barbara Fredrickson

먼 미래를 염두에 두며
장기적인 계획을 세우거나
익숙하지 않은 환경에 가서
새로운 자원을 개척하기 위해서는
긍정 정서 경험이 필요합니다.

불안하고 염려로 가득 찬 마음은
큰 그림을 볼 여유가 없습니다.

삼각형인가, 원인가? 불행한가, 행복한가?

의 '긍정 정서의 확장/축적Broaden and Build' 이론에 의하면, 먼 미래를 염두에 두며 장기적인 계획을 세우거나 익숙하지 않은 환경에 가서 새로운 자원을 개척하기 위해서는 긍정 정서 경험이 필요합니다. 불안하고 염려로 가득 찬 마음은 큰 그림을 볼 여유가 없습니다. 당장은 없어도 되지만, 먼 훗날 반드시 필요할 자원을 탐색하고 준비하는 노력은 여유와 즐거움이 있는 마음 상태로부터 시작된다는 것입니다.

가령, 위의 그림은 작은 삼각형으로 이루어진 큰 원입니다. 같은 그림도 감정 상태에 따라 조금 다르게 보일 수 있습니다. 좁은 시야로 작은 것을 보게 만드는 부정적 감정이 지배하면 삼각형이 더 쉽게 보이고, 큰 그림을 보도록 하는 긍정 정서 상태에서는 원이 눈에 들어오겠지요. 이 그림으로 비유하자면, 인생은 수많은 작은 삼각형으로 만들어가는 큰 원일 수도 있습니다. 무엇에 주목하며 일상을 사느냐에 따라 숱한 결정이 달라질 수 있습니다. 늘 작은 것을 염두에 두며 설계하는 인생에는 굵직한 원이 들어설 자리가 없을 수도 있습니다. 큰 기둥부터 세우고 나머지 빈 공간에 작은 소품을 채우겠다는 생각을 할 때, 그리고 내일이 아닌 30년 뒤의 삶을 생각할 때, 자녀의 필요성과 의미에 대해 생각해보게 되겠지요. 이러한 이유로 행복감과 출산은 관련이 있습니다.

행복과 출산

무엇이 행복일까? 수천 년간 철학자들이 고민해온 문제지만, 모든 사람을 흡족하게 할 만한 답은 아직 나타나지 않았습니다. 앞으로의 전망도 그다지 밝지는 않습니다. 왜냐하면 사람마다 생각하는 행복의 모습이 다르므로, 누구의 생각이 옳은지 판단할 수 있는 객관적인 잣대가 존재하지 않기 때문이죠. 어떤 사람은 돈이 행복이라고 주장하지만, 다른 사람은 건강이 제일 중요하다고 말합니다. 누가 맞습니까? 과학의 영역에서 벗어나는 가치의 문제입니다. 이런 논쟁은 목소리 크기로, 혹은 떼쓰는 정도로 결론이 나는 경우가 많습니다.

하지만 이 문제를 다시 차분히 생각해보면, 돈이나 건강은 모두 행복이라는 경험의 본질에서는 벗어나 있습니다. 행복감이라는 경험 자체를 묘사하는 것이 아니라 행복이라는 경험을 유발하는 자극 혹은 조건에 대한 논쟁인 것이죠. 행복은 돈도 아니고 건강도 아닌 마음의 경험 상태입니다. 레몬이 혀에 닿을 때 느껴지는 신맛과 같은 내면의 '경험'이지 어떤 조건이나 상황이 아닙니다. 행복이 백열전구의 빛이라고 한다면, 돈, 승진이나 양념갈비는 이 전구를 켜는 스위치에 불과하다고 볼 수 있습니다. 이 '빛'은 어떤 구체적인 모양이나 무게도 없습니다. 왜냐하면 그것은 물리적으로 존재하는 어떤 것이 아니라, 각자가 내면에서 경험하는 어떤 좋은 '느낌'이기 때문입니다.

행복감이라는 느낌을 유발하는 자극은 다양하지만, 이 느낌을 구성하는 내용물은 긍정적 정서들입니다. 그래서 행복은, 간단히 말한다면 긍정 정서를 경험하게 만드는 모든 자극, 상황, 기억, 혹은 미래 기대의 총합이라고 볼 수 있습니다. 긍정적인 느낌이 무엇 때문에, 왜 유발되었든, 이 '좋은 느낌'을 자주 경험하는 사람일수록 행복감이 높다고 볼 수 있습니다. 학계에서 행복을 측정하는 논리도 이를 따릅니다. 응답자가 얼마나 자주 긍정적인 정서와 만족감을 경험하는지 측정하고, 그 수치를 바탕으로 행복감이 높고 낮은 사람을 구분합니다.

행복의 핵심 내용물은 긍정적 정서 경험이기 때문에, 행복감은 현재 자신의 삶이 처한 전반적 상태를 압축적으로 나타내는 중요한 단서가 됩니다. 신혼부부가 책을 200권 읽은 뒤 아이를 낳을지 말지 결정하지는 않습니다. 현재와 미래의 상황에 대한 보다 크고 근본적인 진단이 필요합니다. 아이를 낳고 키울 만한 시간과 장소에서 살고 있다는 확신을 높이는 단서가 필요한데, 여기서 도움이 되는 것이 감정입니다. 지금 행복하다는 것은 즐거운 일들이 비교적 많다는 뜻이고, 이런 즐거움이 빈번하다는 것은 현재 자신의 삶에 큰 문제나 위협이 없다는 뜻입니다. 즉, 아이를 인생에 착륙시킬 활주로가 확보되었다는 뜻이지요.

행복감과 출산율이 관련있다는 연구 보고들도 있습니다. 수만 명의 독일인, 오스트레일리아인, 미국인의 삶을 추적한 마이케 루만Maike Luhmann 등의 연구에 의하면 행복감이 높은 사람들이 낮은 사람들보다 결혼하고 5년 안에 아이를 낳을 확률이 높다고 합니다. 이 모습은 국가 간의 비교 자료에서도 확연히 드러납니다. 몇 해 전 세계행복자료World Database of Happiness를 바탕으로 발표된 그래프(오른쪽)를 보면 행복감이 높은 국가일수록 출산율도 확연히 높습니다. 이 그래프에 나타난 한국의 위치는 다소 참담합니다. 22개국 중 가장 출산율이 낮고, 행복감 또한 최하위권에 있습니다.

행복만이 출산율에 영향을 미치는 것은 아니지만, 분명 하나의 요인이 될 수 있습니다. 한국인이 느끼는 행복은 경제적 수준에

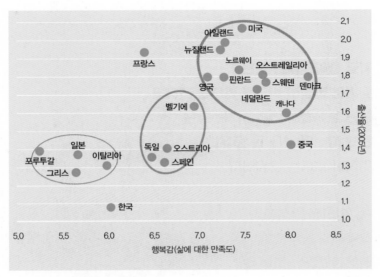

자료: 세계행복자료

행복감이 높을수록 출산율도 높다.

대비해볼 때 눈에 띄게 낮습니다. 반면, 우리에 비해 객관적 생활 수준이 낮은 중남미 국가의 행복감은 매우 높습니다. 즉, 우리 행복의 아킬레스건은 경제적 결핍이 아닌 사회적 부의 결핍에서 옵니다. 2023년 세계행복보고서World Happiness Report 분석에 의하면, 돈이 아닌 사회적 신뢰와 지지가 국가의 행복을 예측하는 가장 주요한 변수라고 합니다. 바로 이 부분에서 중남미 국가들의 점수는 높고, 우리는 최하위권에 있습니다.

매년 OECD 가입국을 대상으로 실시하는 행복 조사에 이런 문항이 있습니다. "당신은 어려움에 처할 때 도움을 청할 사람이 있

지금 행복하다는 것은
즐거운 일들이 비교적 많다는 뜻이고,
이런 즐거움이 빈번하다는 것은
현재 자신의 삶에 큰 문제나
위협이 없다는 뜻입니다.

즉, 아이를 인생에
착륙시킬 활주로가
확보되었다는 뜻이지요.

습니까?" 이 질문에 "Yes"라고 대답하는 비율이 가장 낮은 국가가 한국입니다. 왜 이런 안타까운 현상이 발생할까요? 한 가지 중요한 이유로, 개개인의 관심과 따뜻한 심성이 가족을 비롯해 가까운 몇 사람에게 과하게 편중된다는 점을 들 수 있습니다. 일상에서 마주치는 대부분의 사람은 이 울타리 밖의 사람들인데, 그들에 대해서는 철저히 무관심하거나, 위협이나 경쟁의 대상으로 생각하는 경우가 많아요. 상호 신뢰가 바탕이 되는 사회적 자본이 축적되기 어려운 분위기죠. 또 다른 이유로는 과도하게 타인 중심적인 삶을 산다는 사실을 들 수 있습니다. 항상 남을 평가하고, 또 남의 평가에 쉽게 위축되기 때문에 관계에서 즐거움보다는 스트레스를 느끼는 경우가 더 많지요. 이런 사회적 분위기에서는 서로 친구가 되기 어렵습니다.

바로 이런 부분에서 행복감이 높은 국가들은 정반대의 모습을 보입니다. 가령, 스칸디나비아 국가들에는 사회적 금기가 하나 있다고 합니다. 타인의 삶을 함부로 평가하지 않는 것. 그저 서로 다른 삶을 각자 사는 것뿐인데, 주제넘는 참견을 하지 말자는 것이죠. 다양한 삶을 인정하는 열린 태도로 관계의 기본을 지키고 존중하는 사회입니다. 이런 사회 분위기가 높은 출산율을 이끌어냅니다. 덴마크 코펜하겐 시내의 특이한 장면 중 하나가 인도에 가지런히 세워진 유모차 행렬입니다. 유모차 속에서 아기가 잠이 든 사이, 부모는 카페에 들어가서 커피를 마십니다. 행복한 사회의 단면입니다.

예전에 읽은 에릭 에릭슨Erik Erikson이라는 유명한 발달심리학자의 말을 떠올리게 됩니다. "좋은 엄마가 되려면 단지 좋은 사람이기만 해서는 부족하다. 행복한 사람이 되어야 한다." 아이를 낳아 키우는 여정은 보람과 의미가 있지만, 고되고 힘든 순간들도 분명 찾아옵니다. 행복은 이 긴 여정을 시작할 용기뿐 아니라, 어려움을 이기며 순항하는 지혜와 힘도 준다고 생각합니다.

모색

4

비혼과 비출산은
어쩌면
잠시 쉬어가는 방식

허
지
원

허지원

고려대학교에서 임상 및 상담심리 석사 학위를, 서울대학교에서
뇌인지과학과 박사 학위를 받고 현재 고려대학교 심리학부 교
수로 재직하고 있다. 2016년 대한뇌기능매핑학회 젊은 연구자
상, 2020년 대한신경정신의학회 영문논문상을 수상하고, 세계
최초로 조현형성격장애군의 뇌 보상회로의 이상성을 규명하는
등 뇌과학자이자 심리학자로서 활발히 연구 성과를 내고 있다.
현재 보건복지부 및 한국연구재단 연구과제를 통해 우울증 완
화를 위한 어플리케이션을 개발 및 검증하는 한편 비자살적 자
해의 심리·뇌신경학적 특성을 탐색하는 연구를 맡아 진행 중이
다. 저서로 《나도 아직 나를 모른다》가 있다.

저는 주로 마음의 문제를 보이는 사람들을 평가, 진단, 치료하는 역할을 하는 임상심리학자로서 비출산, 비혼을 임상적인 관점에서 살펴보고자 합니다.

현재의 사회 현상이 왜 일어나는가에 대해서는 일반적으로 심리적 측면이나 사회 불평등의 측면에서 이야기되어왔기에 제 이야기가 다소 낯설게 느껴질 수도 있겠지만, 여러 임상적 측면도 사회 현상 혹은 개인적 결심에 일부 관여한다는 사실을 생각해보면 좋겠습니다. 그중에서도 저는 비출산 혹은 비혼이 갖는 기능에 집중하려고 합니다. 비출산이나 비혼에 기능이 있다는 말에 다소 의아해하실 분들도 있겠지만, 심리학에서는 사람들이 특정 행동을 하는 것은 그 행동이 뭔가 기능적인 측면을 가지고 있기 때문인 것으로 봅니다. 예를 들어 스트레스가 과중한 사람에게서 술을 마시거나 노래를 부른다거나 평소보다 더 많이 자는 등의 행동이 관찰되는데, 개인에게 미치는 장기적인 효과야 어떻든 간에 지금 당장 그 행동에 어떠한 기능이 있다면 개인은 자연스럽게 그 행동을 선택합니다. 다시 말해, 비출산이나 비혼은 현재 청년 세대가 다양한 좌절에 대해 여러 대처 방법을 고려하고 시도해보는 과정에서 자연스럽게 도출된 의사결정의 결과물로 볼 수 있는 것입니다.

좀처럼 경험하기 어려운
최적의 좌절

|

먼저 좌절에 대해 생각해보겠습니다. 나의 목표나 욕구 충족의 기회를 방해하고 내 삶의 방향성과 안전감을 뒤흔드는 좌절 경험은 참 다양하게 우리를 괴롭힙니다. 잠시 지난 한 주간의 좌절 경험을 떠올려봅시다. 가볍게는 사회적 압력 때문에 그날따라 먹고 싶었던 음식을 포기해야 했던 일부터, '오늘만큼은 꼭 저 사람에게 싫은 소리를 좀 해야지'라고 작심했지만 결국 못하고 또다시 끙끙 앓아낸 시간, 혹은 여러 사람이 모인 중요한 자리에서 부정적인 피드백을 듣고 자존감이 바닥으로 순식간에 곤두박질치고 수치심과 고통감에 잠 못 이룬 것도 모두 좌절 경험이지요.

좌절은 '개인이 타고난 성격에 따라 자신을 있는 그대로 표현하고 행동하는 것을 가로막는 경험이나 사건'을 말합니다. 심리치료 내담자분들은 크게 세 가지 문제를 들고 옵니다. 또래관계에서 장기적인 갈등이 지속되는 것, 학업이나 직업적 측면에서 기대보다 성취가 낮은 것, 혹은 의미 있는 대상과 관계 맺기에 실패하는 것. 그러나 그 구체적인 면면을 들여다보면, 개인마다 좌절하는 지점은 제각각이며 좌절이 주는 심적 고통의 강도도, 기간도 개인차가 매우 큽니다.

문제는, 나와 일견 유사해 보이는 좌절을 먼저 겪고 이 고난의

좌절을 극복하게 하는 회복탄력성은 아이러니하게도 좌절 경험에서 나온다.

시간을 운 좋게 빠져나온 누군가가 "그건 의지의 문제!"라고 일반화해 이야기하는 데서 시작합니다. 과거 각자의 속도와 타임라인이 있던 시절은 지나고, 이제는 미디어를 통해 빠르게 확산되는 누군가의 드라마틱한 성공담이 모든 사람의 출발선과 결승선을 일제히 결정해버립니다. 이러다 보니 본인이 겪고 있는 고통의 기원과 정체를 세심하게 살피지 않은 상태에서 자신의 성공을 방해하는 것으로 보이는 좌절을 회피하거나, 그것에 무턱대고 맞서려 합니다. 그러나 굳이 그래야 할까요? 실제로 이것이 가능하기는 할까요?

좌절이 지금 당장 맞서 싸워 이겨야 하는 우리의 목표 그 자체일 필요는 없습니다. 대신 적절한 수준으로 심신이 가라앉았다가 꽤 괜찮은 속도로 행동의 기저선을 회복하면 됩니다. 일단 먹고, 씻고, 자고, 노는 행동들의 기저선만 회복된다면 이후에 천천히 목표 지향적인 행동에도 노력을 기울일 수 있습니다. 그러다 우연한 기회가 내 앞에 왔을 때 이를 놓치지 않을 수 있을 정도의 에너지 수준을 회복하게 되지요.

이것이 심리학에서 말하는 회복탄력성resilience입니다. 역경이나 외상적 경험, 삶의 위협에서 얻을 수 있는 삶의 의미는 간단히 얻고(굳이 의미를 부여하며 정신승리의 영역으로 넘어갈 필요는 없고), 다시 제자리를 찾아 올라오는 적응적인 대처의 과정이지요. 그럼 이런 회복탄력성은 어떤 방식으로 얻게 되는 걸까요?

아이러니하게도, 좌절을 유연히 극복하게 하는 회복탄력성은 축적된 좌절 경험에서 나옵니다. 더욱 정확히는, '최적의 좌절optimal frustration' 경험에서 나오지요. 아주 간단하게 말하자면, '내 마음대로 되는 일도 있고, 되지 않는 일도 있구나'를 알게 되는 순간입니다.

하늘을 날고 싶다거나 케이크를 밥 대신 매일 잔뜩 먹고 싶다거나 장난감가게 주인이 되고 싶다는 등의 소망을 가진 어린아이들은 이 소망들이 좌절되는 경험 또한 어릴 때부터 해야 합니다. 그때부터 아이는 자신이 할 수 있는 일과 하지 못하는 일을 구분하게 됩니다. 사고가 점차 유연해지면서 목표가 좌절될 때를 대비해 플랜 B부터 Z까지 갖추게 됩니다. 다양한 문제 해결력이 스스로 개발되는 시기이지요. '케이크를 매일 배불리 먹을 수 없다니! 그렇지만 한동안 안 먹었으니 오늘은 조금 사달라고 해도 되겠지?' 혹은 '케이크를 매일 배불리 먹을 수 없다니! 그렇지만 내일은 누구누구 생일이니까 오늘만 참아보자!' 하고요.

즉, 외부 상황에 뭔가 문제가 있어 자신의 소망이 좌절될 때 어린아이들은 분노의 울음을 먼저 터뜨리지만 전두엽이 점차 그럴듯한 하드웨어를 갖추어나가고 여러 좌절 경험이 쌓이면 대처 방식도 조금 달라집니다. '일단 상황을 좀 보면서 쉬었다 가자' 혹은 '지금 당장 해결하기는 현실적으로 불가능하니 일단은 힘을 더 기르자' 하는 식의 태세 전환이 가능해지지요. 실제로 이런 생각에서 한시적으로 비혼이나 비출산을 결정한 이들도 많습니다. 언젠가 개인적인 여건이 되거나 사회적인 상황이 개선되면 결혼이나 출산을 다시 생각해볼 수도 있을 것이라고 자신의 결심을 유동적으로 바라봅니다.

그런데 이러한 유연한 태세 전환을 힘들어 하고 낮은 회복탄력성을 보이는 사람들이 늘어나기 시작했습니다. 새로운 시도를 하고 낯선 장면에 들어서는 것에 경직된 태도로 불안을 느끼며, 혹시 있을지 모를 실패를 미리 경계합니다. 최적의 좌절을 경험하는 기회가 충분히 주어지지 않았기에 큰 좌절에 대처할 준비 또한 미처 못했기 때문입니다. 저는 이것에 '강남역 뉴욕제과 이론'이라는 이름을 붙였습니다.

저는 대학교 1학년 초까지 휴대폰이 없었기에, 친구들과 약속을 하고 만나는 양상이 지금과는 사뭇 달랐습니다. 강남역 뉴욕제과 앞에서 만나기로 약속하면, 서로 휴대폰이 없으니 상대가 끝내 나타나지 않아도 약속한 장소에서 무작정 기다려야 했습니다. 그런 것들이 사실은 우리의 회복탄력성을 높일 수 있는 최적의 좌절들입니다. 우리의 자아를 크게 손상시키지도 않고, 여러 문제 해결을 시도해볼 수도 있어요. 또 성공하면 좋지만 혹 실패한다 해도 시간이 흐르면 그럭저럭 아무는, 성장을 위해 필요했던 자잘한 좌절 경험이지요.

그때의 우리는 주변 사람과 경치를 찬찬히 시간을 들여 관찰하거나 챙겨 온 책을 읽거나 머릿속에 아무렇게나 떠오르는 생각들로 한참을 멍하니 있거나mind-wandering 혹은 주위의 상점에 잠시 들어갔다 나오거나 하는 등의 대처를 합니다. 여러 선택지를 이리저리 고려해보고 한 번씩 적용도 해보며 예상치 못했던 좌절 경험에 한동안 머무르게 됩니다. 기다리다보면 시간이 한참 흘러 친구가 헐레벌떡 뛰어오기도 하고, 결국 그날 친구를 만나지 못하기도 할 테죠. 기분이 좀 상하지만 다음 날 어찌어찌 만나 사정을 듣다보면 오해가 풀리기도 하죠. 이전의 세대들은 그런 경험을 계속해서 쌓아갔습니다.

그런데 휴대폰이 등장하면서 이런 일은 거의 사라졌습니다. 만나기로 약속한 친구가 늦게 오거나 갑자기 못 오는 상황이 생기면 우리는 즉각적으로 이를 알 수 있고, 알아야만 합니다. 친구가 오늘은 못 보겠다고 휴대폰으로 연락하면, 그 휴대폰으로 바로 웹툰이나 유튜브를 보며 시간을 보내거나 즉시 다른 약속을 잡으며 정서적 불편감을 회피하고 현재의 좌절 상황에서 한시바삐 벗어나고자 합니다. 모든 오해도 그 즉시 해소되어야 합니다. 한겨울에 뉴욕제과 앞에서 막연한 시간을 감내해야 하는 일 따위는 이제 없습니다. 이렇게 우리는 버티는 능력을 계발할 기회를 잃습니다.

거대해진 스트레스

자잘한 스트레스를 느리고 지루하게 통과해야 하는 경험은 점차 줄어들고, 심지어 장애물이 되는 것들은 뭐든 사전에 통제하려는 성향이 늘어나는 사이, 이미 컸던 좌절들도 어느 순간 더욱더 거대해져버렸습니다. 집값도, 취업도, 짝을 찾는 일도 너무 어려워졌습니다. 발달 단계마다 놓여 있는 과업들을 성취하기 어렵게 만드는 현실적인 장애물의 크기가 개인이 감당할 수 있는 몫 이상으로 커져버린 것입니다. 여러 대규모 연구 결과에 따르면 개인이 경험하는 스트레스는 실제로 늘어나고 있는 것으로 파악됩니다.

심리학에서는 스트레스를 크게 두 가지 축으로 나누어 살피는데, 한 축은 예측 가능성, 다른 한 축은 통제 가능성입니다. 집값을 예로 들어보죠. 이전에는 돈을 얼마나 어느 기간만큼 더 모으면 집값을 마련할 수 있을지 예측과 계획이 가능했지만, 아시다시피 지금은 불가능해졌습니다. 다음 달에는 꼭 사려고 했던 집의 가격이 급격하고 가파르게 오르거나, 혹은 집값이 너무 많이 떨어지는 시기에는 집주인이 갑자기 매물을 거둬들여버립니다. 전문가라는 사람들의 예측도 도통 맞지를 않습니다. 거대해진 스트레스 요인들의 움직임을 예측하는 것이 불가능하다면 혹시 통제는 가능할까요? 취업, 거주 문제 등을 보자면, 개인의 힘으로는 역시 통제가 힘든 영역이지요. 이런 여러 상황이 우리를 자꾸만 고꾸라트립니다.

회복탄력성과 문제 해결력은 자잘한 스트레스 상황에 한동안 덩그러니 놓인 개인들이 이를 타개할 여러 대처 방안을 능동적으로 고민하는 과정에서 발달합니다. 그런데 1차적으로 요즘 사람들은 자신의 의도와는 무관하게 최적의 경험들을 계속해서 박탈당해오며 좌절에 따르는 정서적 고통을 경험하지 않기 위해 동기화動機化되기 시작했습니다. 강남역 뉴욕제과 앞에서 나타나지 않는 사람을 하염없이 기다리는 것과 같이 사소한 최적의 좌절을 경험할 기회가 거세되어왔지요. 2차적으로, 우리 앞에 남아 있는 스트레스 요인들은 예측도 통제도 불가능할 만큼 거대해져버렸습니다. 다시 말씀드리지만, 이는 젊은 세대들이 원했던 바는 아닙

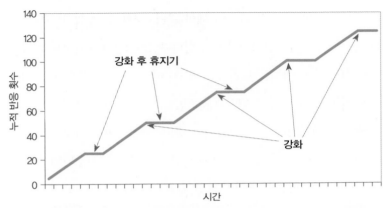

레버를 정해진 횟수만큼 누르면 먹이를 보상으로 받는 실험 환경에서, 쥐는 먹이를 받아
먹은 다음 잠시 쉰다. 이를 '강화 후 휴지기'라 부르며, 이는 레버 누르는 횟수가 증가할
수록 길어진다.

니다. 태어나보니 모두가 휴대폰을 가지고 있었고, 성취의 속도가
중요해지면서 사소한 좌절을 거추장스럽게 여기는 사회적 분위기
가 조성되었으며, 높은 물가와 집값 상승률과 실업률이 자꾸 개인
을 무력하게 만드는 시대인 것이죠. 문제를 해결하는 근육을 키우
기에 좋은 조건은 아니었습니다.

　행동주의 심리학에 '강화 후 휴지기post-reinforcement pause'라는
개념이 있습니다. 레버를 정해진 횟수만큼 누르면 먹이를 보상으
로 받는다는 사실을 학습한 쥐는 고정된 횟수만큼 레버를 눌러 먹
이를 받아먹고는 잠깐씩 쉬는 패턴을 보입니다. 재미있는 점은,
레버를 20번은 눌러야 먹이가 하나 나오도록 설정해두면 레버를

한 번만 눌러도 먹이가 나오던 때와 달리 '강화 후 휴지기', 즉 쉬어 가는 시간이 더 길어진다는 것입니다. 20번을 1,000번으로 늘리면 쥐는 어떤 행동을 보일까요? 1,000번을 간신히 다 누르고 먹이를 한 번 받고 나서는 다음 1,000번을 위한 레버 누르기를 다시 시작하는 데 상당히 오랜 시간이 걸립니다. 심지어 레버를 쳐다보는 것조차 싫어할 정도로 그 레버는 쥐에게 혐오자극이 되기도 합니다. 내가 1,000번을 움직여야 할 필요가 있나, 하는 거죠.

현재 한국의 젊은 세대들이 겪는 상황이 이렇습니다. 특히 초·중·고등학교에서 성적이든 대인관계든 뭔가를 얻기 위해 들여야 하는 노력의 수준이 나의 행복감을 해칠 정도로 높다는 것을 깨달아버립니다. 더욱이 레버가 항상 같은 자리에 있는 것도 아니고, 레버에 가해야 하는 힘의 강도는 매번 점차 높아져 잘 눌리지 않는 레버를 두고 고군분투해야 합니다. 어떤 경우에는 레버를 1,000번 눌러도 먹이가 나오지 않는 상황이 벌어지기도 합니다. 입시 경쟁이 낳는 부작용이 그것입니다.

사회적 관계는 어떤가요? 60~70명이 한 반에서 수업을 받은 시절에는 몇몇 친구들과 어울리지 못하더라도 다른 무리를 찾아 다시 천천히 관계를 맺기 시작할 수 있었습니다. 그러나 한 반 학생 수가 20명에 불과한 지금은 상황이 바뀌었습니다. 반 전체가 하나로 움직이는 일이 많아져 한 무리와 어울리지 못하면 다른 무리로 이동하기가 쉽지 않습니다. 우연한 일로 친구들과 사이가 틀어지면 또 다른 사회적 관계를 맺기가 몹시 어렵다는 것이 분명해 지자, 아이들은 사회적인 안테나를 곤두세우기 시작했습니다. 다른 사람들이 나를 어떻게 평가하는지, 다른 사람에게 내가 어떻게 보이는지에 예민해집니다. 어떤 때는 사람들로부터 잠시 숨어 고요함과 평온을 즐기고도 싶지만 이제 머리를 비우고 쉴 곳을 찾을 기회는 드물어졌습니다.

그래서 요새 학생들은 쉬는 시간이면 화장실에 가서 가만히 앉아 있다 온다는 이야기를 종종 합니다. 다른 사람들의 소란스러운 눈을 피해 조용하게 머무를 수 있는 유일한 장소가 화장실이라는 것입니다. 사회적 자극의 존재 자체에 큰 피로감을 느끼며 지내온 지 오래이니까요. 내가 힘들어도 다른 사람에게 잘해야 하고, 누군가의 무례에도 예의를 차리며 자리를 피해야 하고, 나를 오해하는 것 같은 누군가에게 적극적으로 해명하지 않으면 안 되는 사회적 압력이 젊은 세대를 더욱 고단하고 피로하게 만들었습니다. 그렇게 학업과 대인관계에서 전력을 다한다고 해서 좋은 평가나 성취가 보장되는 것이 아님은 물론입니다.

즉, 그간 강화를 받기 위해 노력해야 하는 시기가 너무 길었고, 그 강화물도 우리의 삶과 자존감을 획기적으로 바꿀 만한 것은 아니라는 사실을 알게 되면서부터, 오랜 시간 노력을 기울여야 하거나 감정적인 피로감이 예측되는 일에 우리가 손을 놓고 있는 시간은 점차 길어졌습니다. 이제 겨우 학교를 졸업했는데, 직업도 이제 간신히 구했는데, 어쩌면 평생을 함께해야 할 자신의 짝을 찾고 그 관계를 유지하기 위한 노력을 기울이는 일이 당장은 그렇게 매력적이지 않을 것입니다. 긴 터널을 막 빠져나온 시점에서 반려자를 찾는 데는 큰 에너지가 필요하기 때문입니다. 실제로 좌절을 감내할 회복탄력성도 충분치 않은 상태이고요. 이런 상태를 소진burn out이라는 용어로 설명하기도 하지요. 통제하기 어려운 환경, 공평함이나 공정함을 기대하기 어려운 상황에서 주위의 지지 없이 오랫동안 홀로 버텨야 하는 경우, 사람들은 감정적으로도 지치고 신체적 에너지도 고갈되는 것입니다. 너무 지쳐 소진된 상태에서는 우울, 무력감, 절망스러운 혼란을 경험하며, 이 시기가 길어지면 비관적이거나 냉소적이 되어 새로운 행동을 개시하거나 꾸준한 노력을 투입하기가 어려워집니다.

마음의 문제,
뇌의 문제

|

안타깝게도 전 세계적으로도 마음의 병을 앓는 사람들이 증가하는 추세입니다. 최근 8개국(남아프리카공화국, 독일, 멕시코, 미국, 벨기에, 북아일랜드, 스페인, 오스트레일리아) 19개 대학의 대학생 1만 4,000명을 대상으로 실시한 연구에서 응답자의 35퍼센트가 정

신질환 진단 준거에 해당하는 수준의 증상을 가지고 있는 것으로 확인되기도 했지요. 3명 중 1명 꼴로 임상적 문제가 관찰된 것은 많은 연구자와 임상가의 예측을 훨씬 뛰어넘는 수준이었습니다.

그런데 최근 20여 년간 여러 연구와 임상 장면에서 유독 빈번히 언급되는 두 증상이 있습니다. 감정표현불능증alexithymia과 무쾌감증anhedonia입니다. 다소 생소한 단어들이지요. 그러나 감정표현불능증은 10명 중 1명 수준으로 빈번히 발생되며 여러 우울 및 불안장애와 성격장애로 진단받는 이들이 흔히 호소하는 증상입니다. 이 증상을 보이는 이들은 본인이 경험하는 감정이 어떤 감정인지 잘 모르겠다고 말합니다. '그 일이 일어났을 때 화가 났는지, 우울했는지, 놀랐는지 사실 잘 모르겠다'고 말하며, 감정과 관련한 신체 반응이 나타나도 '내가 그 사람을 보고 왜 떨었는지 모르겠다. 그냥 멍했다' 혹은 '그때 숨을 못 쉴 것만 같았는데, 왜 그랬는지는 모르겠다'라며 자신의 신체 반응이 내포하는 감정적 의미를 탐색하기 어려워합니다. 또한 감정표현불능증을 가진 개인은 주위의 긍정적인 피드백에도 자신의 성취에 충분히 기뻐하거나 즐거워하는 등의 긍정적 감정을 경험하지 못합니다. 이런 이들은 자신의 감정을 언어적으로 표현하는 일에도 곤란을 겪기에, 치료 시 핵심적인 감정 문제를 이끌어내기까지는 꽤 오랜 시간이 걸립니다.

감정표현불능증이 발생하는 원인에 대해서는 더 많은 연구가 필요합니다. 현재까지는 개인이 자기 감정을 인식하거나 표현하는 일이 불가능했던 폭력적인 환경에 오랫동안 노출되거나 기질적으로 정서적 자극에 쉽게 압도되는 경우, 비의식unconsciousness적으로 자기 감정 경험의 폭을 철저히 억제하려는 방어기제를 자동적으로 발현하기 때문인 것으로 파악하고 있습니다. 그러다 보니 이들은 대인관계에서 상당한 부적절감과 불편을 겪습니다. '내가 저 사람을 실제로 많이 좋아하는지 혹은 불편해하는지' 심지어 '사실은 혐오하는지' 판단하기가 어려워, 자신을 보호하고 보살펴야 하는 시점을 놓칩니다. 때론 복잡하고 양가적인ambivalent 감정에 압도되기에 직장에서나 사회적 관계에서 '그래도 그럭저럭 좋은 부분'은 보지 못하고 깊은 우울감이나 혼란감, 분노감만 경험합니다.

무쾌감증은 이름에서 알 수 있듯, 이전에는 보상적인 유쾌한 기분을 경험했던 일 혹은 대상에 대해 더 이상 즐거움이나 기쁨을 경험하지 못하는 상태를 말합니다. 쾌감을 느끼는 능력이 멎은 상태로, 깊은 우울증을 겪는 사람들에게 흔한 증상입니다. 맛있는 것을 먹어도 맛있는 줄 모르고, 남들은 재미있다는 영화를 봐도 마음이 바닥에 가라앉아 좀처럼 올라올 생각을 하지 않습니다. 타인과 함께 있어도 즐겁지 않는 것은 물론이고요. 이런 무쾌감증이 고약한 것은, 무엇을 해도 즐겁지 않기에 자신의 기분을 고양시켜줄 만한 행동에 자발적으로 접촉하려는 동기나 의욕이 점차 줄어든다는 점입니다. 즉, 우울과 무쾌감증을 타개할 만한 행동을 새삼스럽게 시도하기 쉽지 않고, 타인과 정서적 교감을 하거나 공동생활을 하는 데 필요한 정신적 에너지를 활용하기 어려워집니다. 한 번 시작된 무쾌감증은 이런 방식으로 매우 오랜 시간 개인의 정신건강에 큰 영향을 미칩니다.

　점차 증가하고 있는 스트레스로 인한 뇌 기능 변화 역시 고려해야 할 부분입니다. '편도체 납치Amygdala hijack'라는 개념이 있습니다. 정서지능EQ 개념을 처음 주창한 과학저술가 대니얼 골먼Daniel Goleman이 20년 전에 제시해 한동안 유행했던 개념입니다. 과도한 스트레스에 노출되다보면 뇌심부에서 감정을 주로 처리하는 영역인 편도체가 뇌의 가장 고위에 있는 인지 기능들을 '납치'해서 제멋대로 끌고 다닌다는 것입니다. 여기에서 고위 인지 기능이란 행동억제, 자기행동감독, 예측, 계획 등 주로 사람의 앞이마 쪽인 전전두엽 영역에서 담당하는 집행 기능executive function으로, 이것이 인간을 다른 동물들과 구분시켜준다고들 합니다. 그런데 이런 적절한 조절 능력이 일시에 사라지는 일들이 벌어집니다. 예를 들어, 가족 구성원이 자신을 비판하는 이야기를 하거나 심지어 중립적인 이야기를 할 때에도 갑자기 화가 치밀어 곧 후회할 말을 내뱉는 것이 전형적인 편도체 납치 증상입니다. 분노 조절에 실패한 직후 '이 상황이 그 정도는 아니었나?' 하는 생각이 들면서 수치심이나 죄책감으로 이어집니다. 그 역시 2차적인 스트레스로 다가

오랫동안 스트레스 상황을 겪고 좌절 경험을 지속하면 결혼생활과 같이 낯설고 새로운 과제에 들이는 감정적 에너지가 축소될 수밖에 없다.

오며, 대인관계에서의 자기효능감이나 통제감이 또다시 약화됩니다.

다시 말해 이미 오랫동안 스트레스 상황을 겪고 좌절 경험을 지속해 감정표현불능증, 무쾌감증, 편도체 납치 등의 영향을 받는다면, 결혼생활과 같이 다소 낯설고 성공 여부가 예측되지 않는 새로운 과제에 들이는 감정적 에너지는 축소될 수밖에 없습니다. 비혼이나 출산의 보류는 잠시 쉬어 가는 방식으로 주어진 상황에 대처하고 있는 것입니다. 심리학에서는 이런 상태에 대해 '얼어붙어 있다'거나 '철수되어 있다'는 표현을 쓰기도 합니다.

애착
그리고 죄책감

결혼 시기를 늦추거나 비혼을 결심하는 것과 관련해 심리학자들은 불안정 애착을 하나의 요인으로 보기도 합니다. 사실 이 주제는 별도로 자리를 마련해야 할 정도로 다룰 내용이 많습니다. 애착은 시공간을 넘어 다른 누군가와 연결되어 있다는 느낌을 가질 수 있는 매우 깊고 진득한 감정적 유대감으로, 어느 순간 수많은 미디어와 자기계발서에서 애착의 기능에 대한 신화를 만들어냈습니다. 주 양육자가 자녀에게 안정적인 관심과 지지, 기민하고 적절한 반응을 제공해주면 자녀는 안정적 애착관계를 형성합니다. 어린 시절 경험한 따뜻한 신뢰와 안락감, 보살핌을 통해 감정적 안정성과 자기효능감도 높아지고 역경도 곧잘 회복할 수 있다는 것이 핵심입니다.

문제가 되는 것은 불안정 애착입니다. 불안정 애착은 크게 세 종류로 분류하는데, 먼저 '불안-불안정 애착'은 타인이 자신을 거부할 것이라는 두려움으로 불안해하는 유형입니다. 본인이 큰 의미를 두고 있는 누군가가 자신에게 소홀해지거나 자신을 내칠 것이라는 지극히 주관적인 생각에 몰두하기 시작하면, 사랑을 되찾기 위한 불필요한 노력을 하는 데 온 신경과 시간을 쏟습니다. 이런 혼란스러운 필사의 노력은 타인의 눈에 쉽게 띄며 보통 '별일 아닌 소동' 수준에서 일이 마무리됩니다. 이후 경험하게 되는 수치심은 좀처럼 사그라들지 않고 그만큼 자신에 대한 실망감, 타인에 대한 의존성은 더 높아져 스스로를 책망하는 패턴이 반복됩니다.

'회피-불안정 애착'의 경우에는 타인에게서 안정적인 지지를 경험해보지 못했기에 소모적인 정서적 경험을 하지 않기로 결심한 나머지 대인관계 자체를 회피하게 됩니다. 그렇다고 타인에 대해 안테나를 덜 세우는 것은 아닙니다. 타인의 행동에 담긴 의미에 여전히 민감해 혹시라도 자신과 반대되는 의견이 있을라치면 이를 받아들이기 어려워합니다. 특히 자신의 생각이 옳다는 생각에 사로잡혀 있거나 깊은 대인관계에서 내상을 입을까봐 두려워하는 청소년기와 초기 성인기의 사람들은 누군가와 정서적으로 얽히는 일을 꺼립니다. 때로는 정서적 교류, 연애, 결혼을 우선순위에 두는 사람들을 낮추어 보고 비관적 태도를 드러내 충돌이 일어나기도 합니다.

'양가적-불안정 애착'은 혼란스러운 양상을 띱니다. 불안해해야 할 때 오히려 무심한 태도를 보이는 반면, 사소한 단서에도 파국적인 생각이 저만치 달려나가 그에 압도된 채 비효율적으로 대처합니다. 본인이 경험하는 일 혹은 감정의 진짜 의미를 파악하기에는 이미 머릿속이 혼란스럽다 못해 멈춰버린 듯합니다. 마음은 좀처럼 안정되지 않습니다. 이때 자주 하는 일은 대처를 뒤로 미룬 채 몇 시간이고 SNS에 파묻히는 것입니다. 괜찮은 사람이 자신에게 가까이 다가와도 갑자기 뒤로 물러서고는 실은 아무 호감도 없었다는 듯 행동해 상대를 혼란스럽게 합니다.

그런데 애착의 유형에 대한 설명을 접하면 많은 분들은 불안정 애착을 자처하며 과거의 기억을 두고 여러 불편감을 호소합니다. 나의 엄마가 혹은 나의 양육자가 나를 충분히 보살피지 못했다, 그 때문에 내가 불안정 애착을 갖게 되어 다른 사람한테 다가가는 법 도 모르고, 사랑을 받아도 줄 줄을 모른다, 하는 등의 이야기지요.

사실 연구 결과상으로도 젊은 층의 절반 정도는 불안정 애착에 해당합니다. 지금 보면 우리 부모는 모든 것이 참 서툴렀으니까 요. 애착이론이라든가 양육법 따위를 배운 세대가 아니었지요. 물 론 우리가 안정 애착 유형으로 길러졌다면 좋았겠지만, 어릴 적 애착 유형은 마음 건강에 대한 만병통치약도 아니고 당신이 좋은 양육자가 되리라고 완벽히 보장해주는 안전판 같은 것도 아닙니 다. 아이에게 그럭저럭 좋은 양육자가 되는 데는 애착 말고도 수 많은 요인이 관여하며, 더욱이 불안정 애착 유형에 해당하는 사 람들이 필연적으로 나쁜 양육자가 되는 것 또한 아닙니다. 심지어 어린 시절 불안정 애착에 해당되었다고 해서 평생 그런 상태에 머 무른다는 주장은 그 근거가 점차 약해지고 있습니다.

그러나 많은 사람들이 온 가족으로부터 혹은 주 양육자로부터 충분한 사랑을 받지 못했다고 자의적으로 지각하면서 '내가 아이 를 낳아서 잘 키울 수 있을까?' 하는 질문에 성급한 방식으로 걱정과 자책을 시작합니다. 사랑을 주는 방법을 잘 모른다고 지레 염려하고 아직 낳지도 않은 가상의 아이에게 죄책감을 느끼기 시작하는 것이지요.

많은 학생과 내담자의 정신건강에 좋지 않은 영향을 미치며, 순식간에 모든 사람을 불행하게 만드는 질문이 있습니다. 그 하나가 "행복하십니까?"이며, 또 하나가 "당신은 좋은 엄마(양육자)가 될 자신이 있습니까?"라는 질문입니다. 과도한 책임감, 불편감, 부적절감을 불러일으키는 질문들이지요. 이런 질문을 듣는 즉시 사람들은 좋은 양육자가 갖추어야 할 요건을 이상화하며 상상 속의 이상적 부모와 자신을 함부로 비교하기 시작합니다. 아이를 이 엄혹한 세상에 태어나게 하려는 부모라면 안정 애착을 경험했어야 하고, 물질적, 정서적으로 안정되어 있어야 하며, 높은 수준의 심리적 건강을 유지하고 있어야 한다고 생각하는 것입니다. 이런 경우에라야 아이를 세상에 내보낼 자격이 있다고 판단하는 것입니다.

이런 생각들에 몰두하다보니 자존감은 자꾸 낮아지게 됩니다. 실제로 과도한 백일몽과 공상은 강박적 증상과 부정적 감정으로 이어진다는 연구 결과도 얼마 전 발표되었지요. '나는 자존감이 낮으니까 다른 사람을 만날 자격이 없어' '내 본모습을 보면 나를 얼마나 한심하게 생각할까' '내가 누군가를 키울 수 있는 사람인가?' 하는 생각을 가진 사람은 스스로를 낮추며 연애와 출산 계획을 지연시킵니다. 특히 남성의 경우 자존감이 낮으면 낮을수록 결혼을 하지 않으려 한다는 연구 결과도 있지요.

앞서 죄책감에 대해 잠시 언급했지만, 죄책감 역시 결혼과 출산을 저해하는 중요한 심리학적 요소로 보입니다. 상담을 하다보면 내담자에게 "이상한 죄책감이 있네요"와 같은 말을 자주 하게 됩니다. 아무 죄도 없는데 죄지은 것처럼 행동하는 사람들이 있고, 죄지은 것처럼 행동해야만 하는 순간들이 있습니다. 내가 원해서 태어난 것이 아님에도 내가 이 가족의 구성원 자격을 유지하기 위해 반드시 해야 하는 행동들이 있었습니다. 부모가 내게, 엄마가 아빠에게, 내가 부모에게 가져야 했을 죄책감이 사실 애착의 자리를 대신했습니다. 이런 경우들을 자주 만나니 한국의 가족문화는 죄책감으로 지탱되는 시스템이라는 생각을 할 수밖에 없었습니다.

이러다 보니 새로운 가족의 구성이란 또 다른 죄책감의 공동체를 만들어내는 것만 같습니다. 산뜻한 기분으로 누군가와 평생 함께하기를 결심하거나 새로운 생명을 우리 가족 내에 탄생시키는 일이 몹시 어렵습니다. 그러나 이 역시 본인이 경험해온 죄책감의 세계에서 학습한 잘못된 신념입니다. 저만 해도 제 아이를 임신했을 당시 죄책감이 컸습니다. '내가 너무 이기적인 것은 아닐까? 세상이 이렇게 살기 힘든 곳인데 내가 이 아이를 이 세상에 내놓는 건 잘못이 아닐까?'

그러나 죄책감의 정서 아래에서는 누구도 효과적인 대처 전략을 내놓기가 쉽지 않습니다. 이제 와서 생각해보면 그건 아이의

'세상이 이렇게 살기 힘든 곳인데
내가 이 아이를 이 세상에 내놓는 건
잘못이 아닐까?'

저는 그냥 제가 할 수 있는 만큼
아이에게 최선을 다하면 그뿐인데,
아이의 인생을 제가 책임져야 할 것만 같은
지나친 자의식이 죄책감으로 이어지고 있었던 것을
그때는 몰랐던 것이죠.

운명이고, 저는 그냥 제가 할 수 있는 만큼 아이에게 최선을 다하면 그뿐인데, 아이의 인생을 제가 책임져야 할 것만 같은 지나친 자의식이 죄책감으로 이어지고 있었던 것을 그때는 몰랐던 것이죠. 그러니까, 진짜 문제는 불안정 애착 그 자체라기보다는 불안정 애착의 시기를 보내온 나 자신에 대한 불확실감, 그리고 가상의 혹은 실제의 아이에 대한 지나친 죄책감일지도 모릅니다.

그 밖의 긍정적인 환경 변화

임상적인 요인들을 살펴보다 보니 다소 무거운 이야기를 먼저 하게 되었지만 비혼과 비출산은 분명히 긍정적인 기능도 함께 있습니다. 요새 많은 기성세대가 '대화가 단절되어 있고, 진정한 정을 모른다'면서 전자기기만 들여다보고 있는 젊은 세대에게 불만을 표출합니다. 물론 스마트폰 사용은 영유아 아이들의 인지 기능 발달을 현저히 저해하므로 엄격히 제재해야 합니다. 그러나 성인의 경우 관계 단절 문제에 대해서는 다른 해석이 나오고 있습니다. SNS를 통해 정보가 자유롭고 광범위하게 오가면서 서로 평생 만날 기회가 없던 사람들이 서로의 존재를 알게 되고 의외의 관계를 형성하는 사례들이 늘어났기 때문입니다. SNS를 하는 사람들은 자신의 친구 목록에서 몇 명이 실제 친구인지 그 비율을 확인해보면 인간관계의 확장에 대해 직관적으로 이해할 것입니다. 즉 정보통신기술의 발달에 따라 의미 있는 사회적 관계망의 크기가 예상치 못하게 커지고 또 그 관계가 상당히 유동적이라는 것을 체득하면서, 사람들은 '한 사람과 평생을 같이 해야 한다'는 당위적인 명제에서 점점 자유로워지기 시작했습니다.

　퇴근하고 집에 돌아온 저녁 시간, 기다려주는 사람과 함께 밥을 지어 나누어 먹고 함께 잠자리에 드는 일이 일반적이고 정상적인 것이라 여기던 시대는 이미 지났습니다. 소위 '결혼 적령기'에 있는 이들은 이제 집에서 나를 기다려줄 누군가를 기대하기보다, 귀갓길에 편의점에서 산 캔맥주와 따끈한 치킨 한 마리를 혼자 먹으며 넷플릭스에 새로 나온 영화를 보는 일상을 꽤나 즐겁고 만족스럽게 받아들이고 있습니다. 치킨이 맛이 없거나 영화가 재미있다면 SNS에 간단히 이야기를 적고 맙니다. 그러다 누군가 뜻이 같은 사람이 댓글을 달아주면 그도 좋고요.

　더욱이 이전 세대와 달리 나이가 들어 결혼하지 않아도 큰 결함이 되지 않는 시대이다 보니, 대인관계에 대한 욕망이나 욕심이 전혀 없는 사람들, 즉 지금은 《정신질환의 진단 및 통계 편람 제5판》에 정신질환으로 지정되어 있지만 곧 제외될 것으로 예상되는 '조현성 성격장애'로 분류되는 이들은 더욱 운신의 폭이 넓어졌습니다. 이전에는 등 떠밀려 억지로 결혼을 했지만 이제 그런 분위기는 아니니 결혼을 하지 않기로 선택하기가 더 수월해졌지요.

다른 한편으로는 기성세대와 달리 성정체성이나 성적 지향성을 깨달을 수 있는 기회가 증가하면서 일시적으로 혹은 영구히 비혼을 결심하는 사례들도 늘고 있습니다. 먼저 현재의 법 제도 안에서는 결혼할 수 없어 제도가 정비될 때까지 결혼을 미루는 경우가 있습니다. 비혼인 상태에서 동거를 하며 결혼에 대한 주위의 압력은 어느 정도 무시하고 지낼 수 있는 이들이지요. 타인과 성관계를 맺는 등 성적으로 얽히는 것에 큰 관심이나 흥미 없이 나름대로 즐겁게 지내는 무성애asexuality로 본인의 정체성을 지각하는 사람들도 비로소 비혼을 결심할 수 있는 환경이 되어가고 있습니다. 비혼과 비출산이 표면적으로는 큰 사회적 문제로 보이겠으나 그 안에는 이런 긍정적인 측면의 작은 이야기들도 많지요.

느슨한 가족의 탄생

지금은 '느슨한 가족'이라는 새로운 가족의 형태로 진입하는 과도기가 아닐까 생각합니다. 그러나 이런 느슨한 가족은 어쩌면 한국에서는 이미 익숙한 형태의 가족일 것입니다. 이웃집의 누군가가 아프다는 소식이 동네에 돌기 시작하면 친한 이웃들이 먹을 거리, 기분 전환할 거리를 들고 그 집으로 모입니다. 가사를 담당하던 누군가가 집안일을 하지 못하는 상황이라면 이웃들은 나눠줄 반찬을 만들어서 그 집을 찾아가지요. 실제 연구 결과를 보면, 많은 사람들은 힘든 일이 있을 때 형제 등 가족보다는 주위의 친구에게서 물리적, 정서적인 지지를 모두 제공받는 것으로 나타납니다.

즉 법적 구속력이 있는 혼인관계로 맺어진 부부가 아니더라도 다양한 측면의 보살핌을 서로에게 제공하는 것은 이미 우리에게 익숙하기도 하고 널리 권장되기도 했던 덕목이었습니다. 또한 이제는

자료: 한국여성민우회(단위: 명, 백분율)

	가족 및 친인척	친구	직장 동료	이웃	요청할 사람 없음	기타	계
외로울 때	7	117	2	0	8	7	141
	4.96	82.98	1.42		5.76	4.96	100
몸이 아플 때	44	68	3	0	16	10	141
	31.21	48.23	2.13		11.35	7.09	100
병원에 입원해야 할 때	85	39	2	0	8	7	141
	60.28	27.66	1.42		5.67	4.96	100
돈이 필요할 때	88	31	0	0	14	8	141
	62.41	21.99			9.93	5.67	100
이사갈 때	61	53	1	0	15	11	141
	43.26	37.59	0.71		10.64	7.8	100
공적갈등을 처리할 때	59	37	9	1	18	17	141
	41.84	26.24	6.38	0.71	12.77	12.06	100

1인 가구 여성들은 정서적으로 '친구'라는 관계망을 가장 중요한 요소로 꼽았다.

SNS를 토대로 한 사회적 네트워크의 기민한 반응성과 확장성이 담보되기 때문에 1인 가구 및 비혼 커플과 공동거주cohousing(협동조합 형태로 집을 함께 빌리거나 구매해 함께 생활하는 형태) 가구, 그리고 이혼이나 사별 후 다른 사람을 만나 굳이 결혼하지 않고 동거하는 노인 커플의 숫자는 점차 늘어갈 것이 분명합니다.

그러므로 사회적 관점에서 비혼 문제에 대응하기 위해서뿐 아니라, 개인의 행복권을 위해서 원치 않게 비혼 상태에 있는 커플들을 고려한 최소한의 제도적 장치를 하루빨리 마련해야만 합니다. 연간 40만 건에 달하던 혼인 건수가 20년 만에 30만 건으로 추락한 프랑스에서는 비혼 상태로 동거하는 커플의 독신 지위를 인정한 채 가족수당 및 사회보장급여, 소득세 등에서는 결혼과 비슷한 제도적 혜택을 주는 것을 골자로 하는 시민연대계약PACS, Pacte civil de solidarité을 1999년 도입해 동거가구의 출산을 촉진했습니다. 국내에서도 생활동반자 법률안이 채택된다면 비혼 커플의 경제적, 심리적 안정에 큰 도움이 될 수 있겠지요. 물론 이는 출산을 위한 도구여서는 안 되며, 1차적으로 미혼모, 한 부모, 동성 커플 등의 복지를 위해 고안되어야 하겠고요.

여기에서 한 번쯤 생각해봐야 할 문제가 하나 있습니다. 사실 부모 세대로서는 자녀에게 결혼보다 비혼을 독려하는 것이 기능적으로는 더 합당하다는 것입니다. 연구 결과상, 비혼인 자녀들은 외로움은 덜 느끼고 친구 수는 더 많은, 기능적 삶을 살기 때문입니다.

심지어 싱글이 부모와 친구를 더 잘 챙기고, 이웃들하고도 더 오래, 자주 시간을 보냅니다. 또, 기혼인 형제보다 미혼인 형제들이 구심점이 되어 가족들에게 연락하는 일이 더 잦습니다. 이타적인 목적의 봉사단체에서도 더 많은 시간을 할애하는 이들은 비혼자입니다. 비혼자나 비출산자들이 '느슨한 가족'의 구심점이 된다는 내용의 연구들은 계속해서 발표되고 있습니다. 그러니까 사실 원가족과 사회 전체를 두고 보자면 오히려 지금의 기성세대는 젊은 세대에 비혼을 장려해야 할 정도로 기능적인 것이 비혼입니다.

사회학에는 '탐욕스러운 결혼greedy marriage'이라는 용어가 있습니다. 결혼 이후 개인의 인지적, 정서적, 물질적인 자원이 자신의 새로운 가족에게만 집중되는 현상을 일컫는 말입니다. 아마 이런 문제를 이미 느끼고 있는 비혼자도 많으리라 생각합니다. 형제자매가 결혼을 한 이후 새로운 가정을 꾸린 것이 원가족 부양을 회피하는 면죄부가 되어온 사례들을 목격해왔을 테지요. 그런 방식으로 독립을 꾀하는 것이 그 기혼자들에게는 정당하고 필요한 일이었을지도 모르나, 남겨진 비혼 자녀로서는 아이가 없거나 결혼하지 않았다는 이유로 어쩔 수 없이 자녀이자 보호자로서의 역할을 떠맡아야 하는 상황이 됩니다.

그러므로 비혼 혹은 비출산을 결심하려는 분들께 한 가지 당부를 드리자면, 원가족과 어느 시점에서 어떤 방식으로 거리를 두기 시작해야 하는지 미리 계획을 세워두기를 추천합니다. 그래야 본인의 마음을 챙기고 독립된 성인으로서의 삶을 지켜낼 수 있습니다. 죄책감이나 지나친 책임감은 원가족이 살던 집에 두고 가세요.

'그럭저럭 좋은 엄마'

마지막으로 몇 가지 말씀을 꼭 드리고 싶습니다. 아이를 낳아 잘 키울 자신이 있는지를 묻는 한 조사 연구에서 대부분 응답자는 회의적인 태도를 보였으며, 무엇보다 자녀를 키우는 것과 관련한 부담감이나 불안감이 크다고 답변했습니다. 그런데 이런 결과가 실제 본인 능력이 낮기 때문인지, '좋은 부모란 이러저러해야만 한다'는 당위적 신념이 확고하기 때문인지는 다시 생각해볼 일입니다.

심리학에 '그럭저럭 좋은 엄마good enough mother'라는 개념이 있습니다. 이때 '엄마'는 성별이나 혈연관계에 상관없이 아이를 주로 돌보고 아이와 관련된 의사결정을 담당하는 주 양육자를 말합니다. 아이가 탄생한 직후 주 양육자는 두 가지를 꼭 기억해야 합니다. 민감성sensitivity과 반응성responsivity입니다. 아이가 어떤 불편감을 가지고 있는지, 어떤 요구를 하고 있는지 세심하고 재빠르게 살펴 반응해주는 것이 부모-자녀의 긍정적 관계 형성에 가장 핵심적인 요인입니다. 24~36개월까지 높은 민감성과 반응성으로 아이를 대하면, 아이는 '세상은 그래도 꽤 괜찮은 곳이구나' '내가 원하는 것을 얻을 수도 있다' '내가 원하는 대로 세상이 움직인다'는 자기효능감과 자존감을 획득하게 됩니다. 이런 환경의 조성은 아빠든 엄마든 베이비시터든 할머니든, 누구든 지속적이며 안정적으로 도맡아서 하면 되고요.

그러나 어느 정도 아이가 크면 엄마는 아이의 울음소리에 즉각 반응하지 말고 아이가 문제 상황을 조금은 버텨내고 스스로 세상을 탐색해 대안을 찾을 수 있도록 시간적, 공간적 거리를 유지해야 합니다. 이건 아이에게도, 엄마에게도 다소 고통스럽고 지난한 연습을 필요로 합니다. 아이는 이제 울거나 떼를 쓴다고 해서 모든 것이 즉각 자기 뜻대로 돌아가지는 않는다는 것을 알게 될 것입니다. 이것이 글 초반에서 말한 '최적의 좌절'이지요. 아이의 효능감과 자존감에 회복 가능한 흠집이 생길 것입니다. 그러나 어느 순간 엄마는 또 내 곁에 와 있겠지요.

그 누구도 완벽한 엄마일 필요는 없고, 실제로 완벽한 엄마가 될 수 없겠지만, 많은 사람이 아이에게 완벽한 환경을 제공해줄 자신이 없어 출산을 주저합니다. 즉, 정말 아이를 원하지 않아서가 아니라 '아직 집을 마련하지 못해서' '아직 내 인생도 잘 살지 못해서' '아직 부모로서 소양을 덜 갖췄기 때문에'와 같이 아이를 낳을 수 없다며 출산 결심을 지연하거나 비출산을 결정합니다.

그러나 이는 심리학적으로 아주 틀린 이야기입니다. 부모는 그저 최적의 좌절을 제공할 최상의 상태를 유지하면 됩니다. 예상되는 장애물들을 미리 제거해두고 아이의 욕구가 언제나 즉각 충족될 수 있는 무균실과 같은 환경을 제공해주는 것은 아이가 결국 스트레스에 취약해지는 결과를 낳습니다. 아이가 깊은 수준의 자기 통찰을 할 수 있으며 회복탄력성과 유연성을 갖춘 꽤 괜찮은 성인으로 자라는 과정에서, 부모의 불완전함은 아이에게 좋은 시험대를 제공해줄 것입니다. 즉 좋은 주 양육자는 '그럭저럭 괜찮은 엄마'면 됩니다. 정작 필요할 때에는 없어서 화가 나기도 하지만 문득 돌아보면 계속 그 자리에 있어주는 사람 말이죠. 그래서 소아정신건강 분야의 권위자인 아주대 병원 조선미 교수는 '살아만 있으면 좋은 엄마'라고 종종 말합니다. 그러니 너무 많은 책임감과 완벽주의적 기대를 가지고 출산과 비출산을 결정하지는 말아주세요.

다만 우리는 좋은 개인이 되어야 되고, 좋은 커플이 되어야 합니다. 많은 학생, 그리고 내담자가 종종 이런 이야기를 합니다. "우리 엄마가 정말 불행해하면서 모든 자원을 투입해 만든 게 저예요. 그런데 제가 그렇게까지 행복하지는 않아요. 저는 엄마처럼 할 자신도 없는데, 그럼 제 아이는 얼마나 더 불행하겠어요? 우리 엄마는 왜 그렇게까지 애쓰면서 살았을까 생각하면 또 너무 안됐고요." 다시 말하자면, 애초에 부모 세대가 가족 내 생활에서 편안

아이가 깊은 수준의 자기 통찰을 할 수 있으며
회복탄력성과 유연성을 갖춘
꽤 괜찮은 성인으로 자라는 과정에서,
부모의 불완전함은 아이에게 좋은 시험대를
제공해줄 것입니다.

즉 좋은 주 양육자는
'그럭저럭 괜찮은 엄마'면 됩니다.

한 행복감을 느껴왔다면 청년들의 비혼이나 비출산 문제는 지금과 다른 양상이었을 것입니다. 하지만 안타깝게도 그러지 못했지요. 시집살이와 친척들의 과도한 간섭, 경제적 문제, 가부장제 문화에서 마주하는 다양한 문제와 억압, 불합리한 허식들이 성인과 성인의 진솔한 정서적 교류를 막았습니다. 그래서 기혼자들이 모인 곳에서는 결혼생활의 고통을 과장되게 토로하고 불행을 경쟁했으며 미디어에서는 이를 희화화하기 일쑤였지요.

그러나 부모가 그럭저럭 유쾌하고 행복하다면 자녀는 비혼을 결심할 때 부정적 감정의 부당한 영향 없이 이성적으로 자기 삶의 방향을 정할 수 있을 것입니다. 아이들에게 제일 좋은 아빠는 '엄마한테 잘하는 아빠'라고 합니다. 부부가 재미있게 잘 지내는 것만으로 자녀들의 행복감은 높아집니다.

그러므로 지금까지 말씀드렸던 개인의 심리적 요인들을 고려할 때, 복지 시스템의 보완만으로 비혼, 비출산 결정을 내린 사람들의 행동 변화를 이끌어내기란 쉽지 않을 것입니다. 다만 그럭저럭 좋은 개인 혹은 그럭저럭 좋은 부부와 같은 모습을 젊은 세대에게 보여주고 기다리는 것이 자연스러운 태도 변화를 가져올 것입니다. '저렇게 살아도 괜찮겠구나' '내 삶에 아이가 한 명쯤 있어도 괜찮겠구나' 하는 생각이 조금씩 들도록 말이죠.

초저출산은
왜 생겼을까?

모색

5

"엄마처럼 살기 싫다"
빅데이터가 알려주는
청년세대의 속마음

송길영

송길영

송길영은 시대의 마음을 캐는 마인드 마이너Mind Miner이다. 사람들의 일상적 기록을 관찰하며 현상의 연유를 탐색하고 그들이 찾고자 하는 의미를 이해하려는 시도를 20여 년간 해왔다. 개인들의 행동은 무리와의 상호작용과 환경의 적응으로부터 도출됨을 이해하고, 그 합의와 변천에 대해 알리는 작업에 몰두하고 있다. 깊은 고민을 하는 사람들로부터 영감을 받는 것에서 가장 큰 기쁨을 느낀다. 저서로 《여기에 당신의 욕망이 보인다》《상상하지 말라》《그냥 하지 말라》《시대예보: 핵개인의 시대》가 있다.

저는 사람들이 소셜 미디어에 남긴 흔적을 그러모아 관찰하며, 그들이 왜 그렇게 살게 되었는지를 유추하는 일을 하고 있습니다. 한국 사회에서 아이 수가 줄어드는 움직임은 '비혼'과 '저출산'이라는 용어가 일반화됨으로써 확연히 드러나고 있습니다. 이 같은 개인 삶의 변화는 각자의 선택일까요, 주어지는 환경에 대한 적응일까요?

엄마 이야기

엄마 이야기로 시작해보겠습니다. 다음 사진은 가구회사 한샘의 1978년도 광고입니다. 1970년대 서울 강남이 개발되면서 동일한 크기와 형태의 아파트가 수천 채씩 들어설 때 삶의 방식이 변화하는 단면을 보여줍니다. "한강 수변의 버려져 있던 저습지에서 출발한 '강남'은, '양식洋式' 아파트 건물과 소달구지가 논두렁을 경계로 공존하는 '비동시대적' 풍경을 거쳐 어느덧 '부동산 불패'의 신화를 양산하는 '한강의 기적'의 현장이 되었다"(《도시는 역사다》, 이영석 · 민유기 외, 서해문집, 2011)는 글에서 보듯, 서양식 삶은 당시 발전의 목표이자 롤 모델로 제시되었습니다. 광고 속 예쁜 모습의 부엌은 신식 구조인 '입식 부엌'입니다. 이 단어를 알고 계십니까? 만약 알고 계시다면 나이가 좀 드신 것입니다. 요즘

새로운 부엌은 성 평등의 상징?

은 부엌에서 당연히 서서 살림을 하지요. 일을 하기 위해 쪼그려 앉아야 했던 재래식 부엌을 기억하는 이들이 이젠 오히려 줄어서, 당시 새로운 부엌을 가리키던 '입식 부엌'이라는 단어는 요즘 젊은 세대에게는 낯섭니다. 오전에만 일하던 토요일을 지칭하던 '반공일半空日'이라는 단어 또한 주5일제와 함께 추억 속으로 사라져갔습니다.

광고가 제시한 부엌은 이전의 전통적인 모습과 사뭇 다릅니다. 한국 가옥에는 온돌이라는 독특한 난방 시스템이 있습니다. 방바닥에 해당하는 구들이 있고, 그 아래에 위치한 아궁이에 불을 때 온기를 전달하는 시스템입니다. 난방열을 한 번 더 사용하기 위해 솥을 올리고 음식을 하거나 살림을 위한 물을 데우는 시스템이 부엌의 일반적인 구조였습니다. 그러다 보니 방보다 부엌이 낮습니다. 이 구조에서는 살림을 맡은 어머니가 아버지보다 물리적으로 낮은 위치에서 일하는 것으로 인식됩니다. 안방에 앉아 있는 아버지는 상대적으로 지위가 높은 사람처럼 보이고, 부엌에서 힘들게 일하는 어머니는 낮은 사람처럼 보입니다.

그에 반해 광고 속 새로운 부엌은 평등함을 보여주고 싶어한 듯합니다. 엄마랑 아빠랑 같은 높이에 있으니 평등하지 않나 싶지만, 실제로는 평등하지가 않습니다. 아빠는 앉아 있고, 엄마는 서 있기 때문입니다. 심지어 아빠는 엄마가 무슨 일을 하나 지켜보고 있습니다. 광고 카피를 살펴볼까요? "일하는 즐거움"이에요. 일하는 게 뭐가 즐거울까요? 이 광고의 의미를 온전히 알기 위해서는 당시의 산업구조와 가정 내 역학을 이해해야 합니다. 이때만 하더라도 아빠가 가족의 생계를 위해 '바깥일'을 거의 맡았습니다. 1차 혹은 2차 산업구조 아래 물리적인 힘을 쓰는 것이 주된 일이었기에 경제활동은 근육이 발달한 남성들에게 유리했습니다. 예로부터 '바깥양반'과 '안사람'으로 지칭되던 역할이 지속되는 것이죠.

광고 속 아빠는 일하고 들어와서 쉬는 중이고, 엄마는 자신의 일을 시작합니다. 그렇다면 이 그림 속 모습은 평등함을 보여주는 가옥구조의 탄생이 아니라 엄마의 '직장 환경 개선'을 암시한다고 볼 수 있겠습니다. 누구나 편리하게 사용할 수 있는 부엌 디자인을 연구하던 2000년을 지나, 지금은 압력밥솥 광고 모델로 주부가 아니라 송중기나 김수현 같은 남자배우가 발탁되고 있습니다. 그전처럼 남자만 바깥일을 하고 여자만 집안일을 하는 것이 아니라 모두 자신의 일을 안팎에서 스스로 하는 것으로 성 역할이 정상화되기 시작했습니다.

바뀌는 삶에 대한 현실 인식이 요구되지만 아직도 기성세대의 머릿속에는 전통적인 엄마의 모습이 바뀌지 않은 채 들어 있습니다. 드라마 〈전원일기〉를 보고 자란 세대의 머릿속에 엄마의 이미지를 대표하는 탤런트는 김혜자 씨입니다. 말하자면 국가대표 엄마쯤 되는 캐릭터입니다. 김혜자 씨의 대표작을 〈전원일기〉로 기억하는 독자들 역시, 나이가 있는 분입니다. 그 드라마는 2002년에 종영했거든요. 1980년부터 무려 22년이나 계속된 가족드라마의 전형이라 우리의 기억 속에 깊이 자리잡고 있습니다. 종영한 지 20년 넘은 드라마 속 엄마의 역할은 다음과 같습니다. '6남매를 키우는 엄마는 농촌청년회장인 남편을 도와 논밭일을 하면서 살림도 하고 홀로된 시어머니도 모신다.' 지금 같으면 여간해서

엄마가 해주던 빨래는 빨래방이 해주고,
엄마가 차려주던 생일상은 배달 앱이 대신합니다.
'엄마의 아웃소싱'이 시작된 것입니다.

전통적으로 주부 역할을 하던
엄마의 일들을 대신 맡아서 하는
새로운 산업이 빠르게 성장하고 있습니다.

찾기 어려울 만큼 분주한 슈퍼우먼이었는데, 자애로운 모범적 엄마로 인식되어 '국민엄마'로 불렸습니다.

하지만 시대가 바뀌었습니다. 이 엄마가 2008년에 드라마 〈엄마가 뿔났다〉에서 가출을 합니다. 그리고 지금은 편의점에서 '혜자 도시락'으로 유명한 엄마가 되었습니다. 예전에 엄마가 싸주던 도시락을 이제 편의점이 주는 것이죠. 마찬가지로 엄마가 해주던 빨래는 빨래방이 해주고, 엄마가 차려주던 생일상은 배달 앱이 대신합니다. '엄마의 아웃소싱'이 시작된 것입니다. 전통적으로 주부 역할을 하던 엄마의 일들을 대신 맡아서 하는 새로운 산업이 빠르게 성장하고 있습니다. 교육의 기회에서 차별이 사라지게 되자 고등교육의 수혜를 입은 여성이 자연스레 직업을 갖고 사회적 목표를 성취하는 성 평등이 이루어지게 된 것입니다.

아빠 이야기

|

그렇다면 아빠의 모습은 어떨까요. 최근 공영방송에서 방영한 다큐멘터리의 제목은 '남자여, 늙은 남자여'였습니다. 평생 세 번만 울어야 한다는 가르침을 받아오다 나이가 들며 눈물이 많아지는 한국 남자의 분투기는 지금 한국 사회 속 아빠의 위상 변화를 보여줍니다. 일제강점기와 전쟁을 거친 후 전 세계에서 유례없는

고도 성장기를 보낸 우리네 아빠는 그만큼 경쟁이 치열한 사회에서 누가 더 오래 일하는지 겨루는 '월화수목금금금'의 전쟁 같은 직장생활을 버텨냈습니다. 그러다 어느덧 사회가 가족과의 시간을 중시하는 문화로 바뀌어가면서, 그동안 자신의 삶이 '돈 버는 기계'와 같았다는 회한에 찬 그들의 모습이 위의 다큐멘터리에서 클로즈업됩니다.

과거에 한 집안의 큰아들은 식탁 위 닭백숙의 닭다리를 독식하고, 없는 살림에도 상급 학교에 진학할 기회를 최우선으로 보장받는 집안 내 대표선수였습니다. 출세해 동생들을 돌보고 더 나아가 부모의 노후를 보장하는 막중한 책무를 다해야 했기에, 장남은 명절과 제사 때마다 먼저 절을 하며 권리와 의무를 새기는 의례를 주재하는 역할을 도맡았던 것입니다. 그런데 지금 세대는 부모뿐 아니라 취업이 어려운 자녀까지 챙겨야 하는 '더블케어의 짐'을 지고 있습니다. 더욱이 지난 세월 남성에게 편중되었던 가족에 대한 부양 의무가 양성 평등의 사회로 발전하며 남녀 모두에게 나누어지면서, '먹여 살리는 일'을 해왔기에 그래도 가정 내에서 대접받았던 아빠의 위상도 예전 같지 않습니다.

통계 수치를 확인해보면, 무리에 속하지 못한 아빠 세대가 느끼는 외로움은 심각합니다. 고독사(무연고사)의 38.5퍼센트는 50세에서 64세까지 남자입니다. 50대 남성의 자살률은 여성 대비 3.6배나 됩니다. 자녀가 같은 집에 사는 경우에도 함께 보내는 절대적인 시간이 엄마에 비해 적다는 이유로 아빠는 외톨이가 된 느낌을 받는다고 토로합니다. 아이들이 집에 오자마자 "엄마 어디 갔어요?"라고 묻거나, 아빠가 전화를 받으면 "엄마 바꿔주세요"라고 한다고 합니다. 심지어 아이들이 집에 돌아왔을 때 아빠 혼자 있는 것을 보고 "에이, 아무도 없네"라고 했다는 웃지 못할 농담까지 회자됩니다.

엄마와는 대화를 많이 나누지만 아빠와는 어색해 대화를 이어나가지 못하는 자녀 때문에 아빠는 혼자 다른 별에 살고 있는 듯한 소외감을 느낍니다. 인터넷 게시판에서는 반려견을 데려오면 집을 나간다던 아빠가 오히려 반려견을 가장 예뻐하며 한시도 떨어져 있지 못한다는 미담이 들려오지만, 이는 그만큼 집안 식구들과의 유대가 적었던 아빠가 가정 내 자신을 반기는 존재를 그리워했음을 보여주는 방증입니다. 보는 이의 씁쓸함을 감추기 어렵습니다.

1997년 전체 이혼 중 9.7퍼센트에 머무르던 결혼생활 20년 이상 부부의 헤어짐은 2017년 31.2퍼센트로 3배 이상 증가했습니다. 한 조사에 따르면 5060세대의 70퍼센트 이상이 황혼이혼에 대해 공감한다 하니, 운명처럼 만나 평생을 해로하던 시절의 부부 관계는 이제 더 이상 숙명이 아님을 증명하고 있습니다. 남성과 여성 모두 평균수명이 길어지면서 중년기 이후 결코 짧지 않은 삶이 남았다는 사실을 느끼기에, 두 번째 인생을 기획하고 실행하는 용기가 더 이상 금기시되지 않습니다.

오래된 결혼이 해체되는 상황에서 가장 슬픈 점은, 남편의 경우 자신이 경제력을 잃었기 때문에 버림받는다고 생각하는 데 반해, 아내는 더 이상 참기 싫기 때문에 헤어진다는 이야기가 나온다는 것입니다. 은퇴 시점에 이 문제가 두드러지게 된 것은 지금껏 서로의 삶이 바빠 좀처럼 같이 시간을 보내지 못했던 두 사람이 온전히 둘만 남아 많은 시간을 함께 보내면서 생기는 갈등에서 기인하기도 합니다. 남성은 결혼과 관계에 의무와 기능의 관점에서 접근하므로 자신의 역할이 줄어듦에 따라 상대의 마음이 식은 것이라 생각하고는 억울함을 느낍니다. 반면 여성은 이미 애정과 관심이 없어진 그간의 결혼생활에 불만을 느끼고 있었지만 여러 이유로 참아왔다는 동상이몽의 상황을 보여줍니다. 생존의 시절을 넘어 생활의 시대가 되었지만 이미 익숙해진 삶의 패턴이 그간 멀어진 부부 사이를 이어주기에는 너무 달라져 벌어진 비극입니다.

돌이킬 수 없는 관계를 어찌하지 못하고 산속에 들어가 혼자 사는 남자들을 보여주는 TV 예능프로그램이 높은 시청률을 기록하는 것은 가족을 넘어 개인으로 생존해야 하는 지금의 은퇴 세대에게 위안을 주기 때문입니다. 한국 남성은 학교에서 군대를 거쳐 직장에 이르기까지 집단에 속해 자아를 형성하고 그 집단 내에서의 역할에 가장 큰 의미를 부여해왔습니다. 그런데 그런 한국 남성의 정체성은 평생직장이 무너진 채 장수하는 삶을 살면서 모범

답안 없는 시험을 치러야 하는 현실에 직면하게 되었습니다. 소속감을 잃은 그들이 최후의 안전판인 가정마저 예전 같지 않음을 느끼게 될 때, 그 두려움은 어떤 결과를 낳게 될까요.

가족 이야기

이번에는 가족을 보겠습니다. 10명이 훨씬 넘는 가족 구성원이 커다란 집에서 환히 웃고 있는 모습은 이제 주말 드라마나 일일 드라마 포스터에서나 볼 수 있는 풍경입니다. 설이나 추석에 인터넷 게시판에 올라오는 '장가 못 가는 짤방'은 거대한 교자상 몇 개를 붙이고 빈자리 없이 가득 채운 제사상 사진입니다. 제사를 많이 지내는 대가족의 남성은 결혼하기 힘들다는 메시지입니다. 이는 한때 뼈대 있는 집안에서 다복하게 살고 있다는 것이 자랑이었던 시대가 지나갔음을, 예전처럼 복작복작 많은 사람이 함께 하는 가족상이 이상적인 가정의 표본이 아니라는 사실을 나타냅니다.

미국의 인류학자 조지 머독George Peter Murdock은 1949년에 부모와 미혼 자녀만 있는 새로운 형태의 가족구조를 더 이상 나눌 수 없는 '핵가족Nuclear Family'이라는 말로 정의했습니다. 3대 이상이 모인 가족은 '확대가족Extended Family'으로 지칭했습니다. 학창시절 사회 교과 시간에 그 개념을 배웠는데, 당시 핵가족은 보통 4, 5인 가족이었습니다. 지금 전체 가구의 34.5퍼센트가 혼자 사는 한국 사회에서, 1인 가구는 뭐라고 불러야 할까요? 핵보다 작은 '소립자 가족'이라고 해야 할까요? 가족이라는 말 안에 집단을 뜻하는 의미가 포함되어 있으니 단수의 사람을 지칭하기에 적절하지 않다면 '소립자 가구'가 더 적합한 표현일까요? 무엇보다 우리 사회의 구성 단위가 이제 가족에서 개인으로 분화되기에 새로운 존재인 '핵개인nuclear individual'이 도래한 것을 관찰할 수 있습니다.

뿐만 아니라 과거 사회의 구성은 가족을 넘어 지역사회의 끈끈함을 기반으로 했습니다. 예전에 자주 쓰던 말로, '옆집 숟가락 개수'까지 알았다는 것처럼 말이죠. 예전 추억을 담은 드라마 〈응답하라 1988〉 속 주인공들은 저녁식사 무렵이 되면 분주하게 동네를 오갔습니다. 각자 넉넉하게 만든 반찬을 옆집과 나누어 먹는 것이 일상적인 삶이었기에 반찬을 한 가지만 많이 준비하면 되었습니다. 옆집에 반찬을 가져다주면 받아오는 것도 있었거든요. 지금으로부터 불과 30여 년 전 모습입니다. 지금은 그렇지가 않습니다. 혼자 사는 사람이 빠르게 늘며 1인분 배달도 흔쾌히 해주는 음식배달 서비스가 수천억 원 투자를 받고, 인스타그램에서 '가족'이라는 해시태그를 검색해보면 반려동물 사진이 주르륵 나타납니다. 이제 반려견, 반려묘와 같은 다른 종의 생명체들이 가족으로 인식될 만큼 가족 구성원 수가 줄어들고 그 형태가 바뀌고 있는 것이죠.

가족 구성원 수가 줄어든다는 것은 가정 경제가 돌아가는 방식이 바뀐다는 뜻입니다. 예전에 자주 사용된 표현 가운데 '자식 농사'가 있습니다. 자식을 낳아 키우는 일을 빗댄 말인데, '농사'라는 단어가 들어 있다는 점이 흥미롭습니다. 오랫동안 농사를 지어 살아왔던 농경민족이기에 자식을 키우는 일의 중요성을 그렇게 표현했다고 생각할 수도 있지만, 표준국어대사전의 정의에 따르면 농사는 "심어 기르고 거두는 따위의 일"로, 그 안에 '거둔다'는 의미가 내포되어 있음을 간과할 수 없습니다. 단순히 뿌리는 것에 그치지 않고 추수도 포함하고 있는 것이죠. 아이를 낳으면 나중에 돌아오는 것이 있다는 말입니다.

프랑스 시인 비니가 속세를 떠나 학문을 구도하던 태도를 이르는 말에서 시작했다는 '상아탑'과는 대비되는 표현으로, 한국에서는 '우골탑'이라는 말이 한때 대학을 지칭했습니다. 가장 소중한 생산시설인 소와 땅을 팔아서 자식을 대학에 보낸 1960년대 부모의 심정을 빗대어 표현했던 단어입니다. 당시 부모는 그 보답이 효도라는 시스템을 통해 이루어지길 희망했습니다. 그 시절 만수무강 효도관광이라는 형태로 흔하게 이행되던 효도가 현재는 자식의 취업과 연결됩니다. '나에게 무엇인가 해주는 것은 바라지도 않고 취업해서 자립한 후 돈만 안 받아가도 효도로 인식한다'는 것입니다. 이렇듯 짧은 시간 동안 바뀐 삶에 적응하는 사람들은 이제 아예 '자식 농사'를 짓지 않으려 합니다. 농사를 지어봤자 추수할 게 없으니까요.

최근에는 효도계약서까지 작성하는 사람들이 늘고 있습니다. 재산을 생전에 증여하려 할 때 증여받은 후의 관계에 대해서 계약으로 공증하는 것입니다. 재산을 주면 방문은 몇 차례 할 것인지, 부양비를 얼마나 줄 것인지 등의 조건을 명시하는 것이죠.

아이를 키우는 비용 또한 만만치 않습니다. 대학 보낼 때까지 2억 원의 비용이 들어간다는 말도 이제 옛날이야기입니다. 지금은 4억 원에 이른다는 이야기가 나오고 있으니, 애를 키울 자신이 없어집니다. 그러니까 굳이 공들여 가르칠 것이 아니라 차라리 재산을 넘겨주는 편이 낫겠다는 셈법까지 나옵니다. 지방에서 땅을 팔아 서울로 유학 보낸 자식은 정작 취직이 어려워 힘들게 살고 있는 반면, 공부에 소질이 없던 그 옆집 아이는 부모로부터 받은 부동산의 땅값이 올라 잘살고 있다는 웃지 못할 이야기가 퍼져나가며 '어린이 재테크'라는 말이 등장하고 있습니다. 지금의 20대는 부모보다 가난한 첫 세대가 될 것이라는 전망이 공공연히 회자되면서 교육으로 미래를 보장받던 시대가 지나갔음을 실감하고 있습니다. 한마디로 자식 교육의 투자대비효과ROI, Return On Investment가 낮은 세상이 된 것입니다.

자립하기 어려운 자식에 대한 고민은 나이가 들어도 끝나지 않습니다. 자립할 수 있는 기간이 미뤄지면서 아이에게 투자해야 하는 자원이 늘고 요행히 자식이 독립했다 해도 다시 '자식의 자식 농사'를 지어야 합니다. 모두가 일하는 사회에서 부모가 아이를 보는 일이 쉽지 않기에 손주까지 봐줘야 하니 애프터서비스 기간이 너무 길다는 말입니다. 이렇듯 아이를 낳는 것이 엄청나게 오랜 기간의 희생을 담보로 하는 어려운 일이 된 것이죠.

자식 농사에 대한 인식이 바뀐 만큼, '부모 모시기'도 바뀌었습니다. 1970년대 환갑잔치의 사진 속 주인공은 어려운 시대와 노동의 파고를 넘느라 쪼그라들고 지친 얼굴을 하고 있습니다. 이미 허리가 굽은 주인공은 수십 명의 자손에게서 축하를 받으며 인생의 종반부를 정리합니다. 하지만 요즘 60대들은 굉장히 젊습니다. "우리 이모 71세인데 주민센터 가서 탁구 치고 테니스 치셔ㅋㅋㅋ. 다 그 또래들이 나와서 운동하는데 노인정 가실리가ㅋㅋ" SNS에서 노인들의 일상이 묘사된 글에는 노인정이라는 단어가 거의 나오지 않습니다. 이따금 SNS에서 노인정이 등장하는 원문을 보면 60대들의 어머니와 아버지가 노인정에 가신다는 이야기입니다. "노인정 수리를 한다고 오늘과 내일은 나가지 않는다고 어제 저녁에 어머님이 말씀하셨다. 아침을 드시고 아버님(98)이 외출하셨다… 식사 시간에 문을 여니 어머님(96)이 안 계신다. 어디 가셨지? 행여나 노인정에 가셨나 전화하니 안 받는다…" 이제는 80, 90대는 되어야 노인정에 가는 시대가 된 것입니다.

새로 생긴 '노치원'이라는 단어가 있습니다. 거동이 불편한 어르신이 계시지만 낮 시간에 돌보기 어려운 가정을 위해 설립한 정부 보조 기관으로, 주간보호센터(데이케어 센터)를 이르는 말입니다. 아침에 모시고 가서 저녁에 모시고 오는 데이케어 센터는 많은 사람의 호평을 받고 있습니다. 가족 구성원 수가 줄고 지역사회의 끈끈함이 줄어들 뿐 아니라 각자가 해야 할 일이 늘어남에 따라 '효도의 아웃소싱'이 이루어지고 있는 것입니다.

효도를 대하는 감정 역시 바뀌고 있습니다. 대견함, 즐거움, 기쁨이라는 긍정적 감정이 이제는 부담스러움이라는 부정적 감정으로 변해가고 있습니다. 청년 세대로서는 사회 구성원으로 살아가기도 녹록지 않은데, 부모에게 은혜를 갚아야 한다고 생각하면 부담스러워지는 것입니다. 이제는 기성세대에게서 늘 들었던 방식처럼 자식을 많이 낳고 번성하고, 다시 그것을 기반으로 내 미래를 보장받는 형태의 묵시적 계약 자체가 성립하지 않는 것입니다. 그러다 보니 현재 젊은 세대는 아이를 낳는 행위에 대해 좀 더 깊게 고민할 수밖에 없습니다.

우리 vs 나

결국 '당신이라면 자녀를 낳을 것이냐?' 하는 문제로 귀결됩니다.

[결혼/출산에 관한 부정적 언어 사용 빈도]

순위	연관어	언급량
1	독박육아	4,133
2	시월드	1,293
3	딩크족	1,146
4	비혼	966
5	노예	667
6	경단여	283
7	헬조선	117
8	흙수저	177
9	N포세대	61
10	캥거루족	34

자료: SOCIALmetrics™ 임신, 출산 커뮤니티 2016. 1. 1 ~ 2018. 9. 30

소셜 빅데이터에서 발견되는 부정적 키워드를 출현 빈도에 따라 정렬해보면, 시댁을 뜻하는 '시월드'보다 높은 순위를 차지하고 있는 것이 '독박육아'다.

소셜 빅데이터에서 발견되는 부정적 키워드를 출현 빈도에 따라 정렬해보면, 시댁을 뜻하는 '시월드'보다 높은 순위를 차지하는 것이 '독박육아'입니다. '독박'은 화투에서 다른 사람들이 내야 할 비용을 다 뒤집어쓰는 것으로, 독박육아는 '홀로 양육'을 말합니다. 독박육아가 부정적 함의를 갖는 이유는 명료합니다. 부부가 함께 낳은 아이는 함께 키우는 것이 당연하기 때문입니다. 또한 이전 사회보다 아이를 키우는 데 많은 노력이 드는 것도 하나의 이유입니다. 1960년 출산율 6.0, 1970년 출산율 4.5로,

50~60년 전에는 보통 네댓 명의 형제자매가 한 집 안에서 부대끼며 살았기에 아이들끼리 보내는 시간이 길었습니다. 뿐만 아니라 예전에는 골목이 아이를 키웠다고 할 만큼 가정 밖의 육아 환경도 나쁘지 않았으며, 양육 환경에 대한 기대치 또한 높지 않았습니다. 방과 후에는 가방을 집에 던져놓고 놀러 나갔고, TV에서 만화를 방영할 6시가 되면 밥 먹으러 집에 돌아오라고 부르는 엄마의 목소리가 골목에 울려 퍼졌던 그때를 기억하는 분이 많을 것입니다. 지금처럼 온전히 엄마 혼자서 애를 돌보는 삶의 방식은 아주 생소한 시대였습니다.

오늘날은 공동체 의식이 사라진 자리에 익명성이 들어앉아 사회적 불안이 증폭되고 있습니다. 1983년 출산율 2.06을 기점으로 2018년에는 출산율이 1.0 이하로 떨어지면서 가정 내 아이가 급감해 경쟁은 더 치열해지고 있습니다. 자녀 수가 줄어든 만큼 한두 아이를 집중해 잘 키워야 한다는 사교육과 보육에 대한 의무감과 경쟁의 압박은 높은 비용과 정신적 스트레스로 돌아옵니다. 엄마의 입장에서는 온전히 하루 종일 애를 봐야 하니, 그 스트레스가 보통 큰 것이 아닙니다. 예전 골목은 이미 사라져서 공동체가 없으므로 이 문제를 상의하거나 부탁할 이웃도 없습니다. 더구나 1980년 이후 출생한 밀레니얼들은 미래에 대한 모호한 약속보다 현재의 삶에 대한 권리를 주장합니다. 내 삶의 중요함을 인식한 이들은 독박육아라는 짐을 지기보다는 결혼 자체에 관심을 줄이는 편을 택하기 시작했습니다. 소셜 빅데이터상 결혼이라는 언급 자체가 줄어들기 시작한 것입니다. 마찬가지로 실제 결혼 행위도 줄기 시작합니다.

사실 통계 자료를 보면 기혼자들이 낳는 아이 수는 늘고 있습니다. 그런데 결혼 자체가 줄고 있기 때문에 사회 전체적으로는 아이 수가 줄고 있는 것입니다. 한국 사회는 아직도 혼외 출생에 대한 인정이 각박한 문화이므로, 더더욱 비혼 출산이 드뭅니다. 따라서 만약 저출산 기조를 단기적으로나마 반전시키려면 어떤 문제를 해결해야 결혼이 가능한지 절실히 고민해봐야 합니다.

우선 집을 볼까요. 집값이 엄청 올라갔는데 그렇게 오른 집값을 감당할 수 있는 혼인 적령기 사람들은 많지 않을 것이고, 그만큼 결혼은 더욱 힘들어집니다. 2022년 도시별 합계출산율 통계를 보면 서울이 0.59에 머무르는 데 반해 행정 수도로 디자인되어 공직자들이 많이 살고 있는 세종시는 1.12에 이릅니다. 공공 돌봄과 낮은 주거비 덕분입니다. 이는 환경이 갖춰지면 아이를 낳는다는 자연의 진리를 보여주는 듯합니다.

'행복도시'를 자처하는 세종시는 〈엘리시움〉이라는 영화에서처럼 선택받은 자가 갈 수 있는 파라다이스 같은 선망의 장소로 떠오르는 듯합니다. 그 선망은 수십만 명에 달하는 '공시족' 열풍과 궤를 같이합니다. 행복도시 세종시 같은 곳에 진입하려면 공무원이 되어야 하기 때문입니다. '등용문'을 거친 사람과 그렇지 못한 사람 간의 차이가 다음 세대를 기약할 수 있는 세대와 그렇지 못한 세대로 갈라지고 있는 것입니다. "저출산 해결책은 전 국민이 공무원이 되는 것"이라는 자조 섞인 농담이 떠오릅니다.

요즘 서점가에서 각광받는 책들은 '결혼하지 않아도 좋아'와 같이 기존과는 다른 삶의 방식을 제안합니다. 미혼이 아닌 '비혼'이라는 말까지 등장했습니다. 이 말이 생겨나 퍼지는 현상은, 결혼이 필수가 아닌 선택일 수 있음을 자각하기 시작했다는 신호입니다. 마찬가지로 '비출산'이라는 말이 출현했습니다. 이제는 출산도 선택인 사회로 움직이고 있습니다.

지금껏 우리 사회는 은연중 고정관념처럼 이상적인 가족상을 제시했습니다. 공익광고 속 행복한 가정에서는 언제나 부모가 성性이 다른 복수의 아이들과 함께 노을 지는 공원을 손잡고 뛰었습니다. 엄마도 아빠도 형제도 모두 있어야 '정상적인' 가정이라는 고정관념을 고착화시킵니다. 정상가족 프레임의 그늘은 이 기준에 모자라는 것이 하나라도 있다면 '비정상'으로 전락한다는 것입니다. '정상적'이지 않은 가족집단을 '결손가정'이라는 배려 없고 옳지 않은 표현으로 폄훼하는 사회에 속한 사람들은 미래에 대한 불안감으로 인해 가정을 일구려는 시도조차 어려워합니다. 차별의 대상이 될지도 모른다는 잠재적 두려움은 위험 사회와 이혼 증가 추세인 사회변화에서 더욱 증폭됩니다.

국가가 계획한 가족의 구성 방식 역시 역풍을 맞고 있습니다.

정상가족 프레임의 그늘은
이 기준에 모자라는 것이 하나라도 있다면
'비정상'으로 전락한다는 것입니다.

차별의 대상이 될지도 모른다는
잠재적 두려움은 위험 사회와
이혼 증가 추세인 사회변화에서
더욱 증폭됩니다.

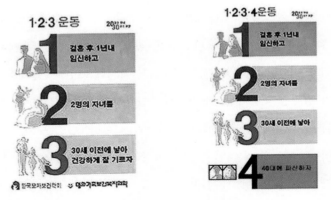

대한가족보건복지협회의 '1·2·3 운동' 포스터(왼쪽)와 그것을 패러디한 '1·2·3·4 운동' 포스터. 생애주기별 삶의 전형에 균열이 가고 있다.

공익광고와 포스터, 그리고 표어를 통해 국가는 전체 집단의 개체 조정을 '가족단위의 계획'으로 계도했습니다. 1960년대부터 세명, 두명, 한명만 낳으라던 캠페인은 급감하는 출산율의 부작용에 놀라 다시 둘 이상을 낳으라는 방향으로 급선회합니다. 문제는 이렇게 가치관의 변화를 일으키는 행동이 짧은 시간 내에 이루어지자, 사람들은 정보의 수용자로서 지금의 메시지 역시 얼마나 항구적인 진실을 담고 있을까 의심하게 된다는 데 있습니다.

 2005년 '1-2-3 운동'이라 불리던 캠페인은 '결혼 뒤 1년 이내에 임신하고, 2명의 자녀를, 30세 이전에 낳아서' 자리를 잡는다는 메시지였는데, 요즘은 그렇게 살면 '40대에 파산한다'는 조롱

섞인 패러디가 나왔습니다. 국가가 시킨 대로 하면 결과가 좋지 않다는 인식이 퍼져 있는 것입니다. 알게 모르게 정답처럼 주어져 답습해야 했던 생애주기별 삶의 전형이 실제로 현실의 배려와 준비를 기반으로 하고 있는지 냉철히 파악해보아야 한다는 공감대가 형성된 것입니다. 아이를 낳고, 그 아이가 크면 학교에 가고, 학교를 졸업하면 취직하고, 취직하면 결혼하고, 결혼하면 다시 아이를 낳고, 둘째를 낳고 하는 일련의 정해진 노선을 국가나 사회는 규범화하지만, 때에 따라 그 경로를 이탈할 수도 있습니다. 19세에 대학 입학하고, 29세에 결혼해 아이를 낳고, 39세에 아파트를 사고 둘째를 낳고, 49세에 은퇴한다는 한국인의 인생 여정을, 서른이 훌쩍 넘어 결혼하는 사람이 어떻게 따라갈 수 있겠습니까.

더 나아가서 요즘 태어난 사람의 생애는 더욱 길어집니다. 표지에 신생아 사진을 크게 넣은 2015년 2월 〈타임〉은 "이 아이는 142세까지 살 전망"이라는 헤드라인을 띄웠습니다. 인생칠십고래희 人生七十古來稀라는 선조들의 기준과 비교해보면 무려 2배의 시간이 주어지는 셈입니다. 그렇기 때문에 위에서 언급한 50년 여정의 삶에 의문을 품게 됩니다. 정해진 답대로 압축적으로 살기를 강요받고 있는 현실이 마뜩지 않습니다.

한 사무실에서 일하는 기성세대와 밀레니얼 세대 간 가치관의 차이를 보여주는 다음과 같은 일화가 전해집니다. 김부장이 묻습니다. "김대리, 나이도 찼는데 뭐하고 있어? 결혼해야지." 그러면 김대리가 대답합니다. "부장님은 행복하세요?"

이렇듯 예전 방식을 이제는 한 번 더 고민해보는 사람들이 늘고 있습니다. 이전 세대는 머릿속에 "우리는 민족중흥의 역사적 사명을 띠고 이 땅에 태어났다"는 의식을 주입받은 사람들입니다. 전체주의적인 운명론의 사명감이 가득 담긴 국민교육헌장을 외워야 학교 선생님이 집으로 보내주던 시절을 겪어야 했던 것입니다. 일제강점기, 분단 때문에 공동체의 독자적 존립 자체가 어려웠던 시기의 어려움을 목도하거나 전해 들은 사람들에게 '우리'는 '나'가 존립하기 위한 전제가 되는 것이 어쩌면 너무나 당연한 일이었습니다. 다시 말해 그들은 국가에 대한 '충성'과 부모를 위한 '효도'가 대명제로 작동한 시대에 자랐습니다. 당시는 국가를 위해 애를 낳는다는 프레임이 적용되었습니다.

그러나 지금은 집단이 개인으로 분화된 사회입니다. "제가 국가의 인구 유지를 위해서 아이를 낳을 수는 없으니까요"라는 TV 쇼 출연자의 목소리가 사람들의 마음을 움직입니다. 이러한 의식을 지닌 젊은 세대는, 가정을 꾸리고 아이를 낳는 지극히 개인적인 행위에 사명감을 요구하는 '저출산 문제'라는 메시지가 미디어를 통해 전해질 때마다 더욱 반감을 품게 됩니다.

아이를 낳을 것인가의 선택은
'우리'의 문제가 아니라
'개인'의 문제입니다.

따라서 저출산 문제에 집합적인
숫자와 통계로 접근할 것이 아니라
각자가 아이를 키울 때 느끼는
무게를 줄여주어야 합니다.

엄마처럼 살기 싫다

이제는 기성세대가 알던 세상이 아닙니다. 먹고살기 어렵다는 말을 입에 달고 살며 무한한 경쟁에서 살아남기 위해 노력하던 전후 세대가 아이를 낳고, 그 아이가 아이를 낳을 만큼 시간이 흘렀습니다. 그사이 우리 삶 역시 엄청난 변화를 겪어내고 있습니다. 농업사회의 끈끈함이 급격한 산업화로 인해 가파른 속도로 소멸하고, 가족이 상호 부조해 함께 해결하던 문제가 개인의 무거운 책임으로 전가됩니다. 근육을 쓰던 일이 머리 쓰는 일로 진화하며 교육과 직업에서 양성 간의 차별이 완화됩니다. 기존의 가치관을 지닌 사람들이 새로운 삶의 기준이 세워지는 시대에 적응하는 과정에서 가족의 해체라는 부작용을 겪어야 해 우리의 마음을 아프게 합니다. 기존에 알고 있던 삶이 바뀌는 가속도에 현기증을 느끼며 어려움을 겪은 부모를 바라본 우리 아이들은 가정을 꾸리기를 두려워합니다. 행복한 가정이 계속 유지될 것인지 확신하기 어려운 현실 속에서, 결혼이라는 제도 안에서만 아이를 낳길 바라는 관습이 꺾일 줄 모르는 대한민국 사회는 출산율이 1.0 이하로 떨어지는 세계 초유의 사태를 맞고 있습니다.

출산은 사회가 아니라 개인이 각자 준비를 거쳐 결정해야 할 일임을 이제 개개인이 자각하기 시작했습니다. 아이를 낳을 것인가의 선택은 '우리'의 문제가 아니라 '개인'의 문제입니다. 따라서 저출산 문제에 집합적인 숫자와 통계로 접근할 것이 아니라 각자가 아이를 키울 때 느끼는 무게를 줄여주어야 합니다. 이 시대의 엄마들은 예전의 엄마와 같이 자신을 지우고 '누구누구의 엄마'라는 이름만으로 살아갈 수 없습니다. 이런 상황에서 중요한 것은 아이를 키우기 위해 필요한 재정적 지원만이 아닙니다. 나중에 아이를 낳고 키운 뒤 자신이 돌아갈 자리가 있어야 합니다. 그것이 가장 중요한 일임에도 불구하고 보육 수당과 같은 비용 보전만 언급한다면, 엄마의 마음을 움직일 수 없습니다.

이제 엄마들은 사회 구성원으로서의 역할과 아이덴티티를 유지하기를 원합니다. 아이도 소중하지만 단순히 아이를 위해 자신의 이름이 사라지는 것을 원치 않습니다. 사회가 변화하면서 엄마의 역할과 책임 또한 변했습니다. 하지만, 〈전원일기〉 속 한없이 희생하고 인자하기만 한 엄마에 대한 높은 기대가 사회적으로 지속되는 한 지금의 엄마는 언제나 미안해할 수밖에 없습니다. 현재 엄마들이 엄청난 노력으로 혼자 해결하고 있는 사회적 책무를 아빠와 다른 가족 구성원들과, 더 나아가서는 사회와 시스템과 나눠야 합니다.

지금 사람들은 이제 예전 엄마들처럼 살고 싶지 않습니다. 구글의 검색창에 "엄마처럼"을 써넣으면 연관어로 "살기 싫다"가 뜹니다. 엄마의 희생적 삶에 고마움을 느끼지만, 나는 그 길을 따라갈 수 없습니다. 따라갈 수 없을 뿐 아니라 따라가고 싶지 않은 사람들이 새로이 자라난 겁니다. 그들은 바뀐 세상에 적응하며 그들이 보기에 현명한 선택을 하고 있는 것입니다.

이러한 사람들이 엄마가, 그리고 아빠가 되고 싶다면 누구나 그런 선택을 할 수 있도록 모두가 응원하고 지원하는 사회가 되어야 합니다. 저출산의 책임과 해결책을 해당 세대에게만 미룰 것이 아닙니다. 대신 이제 국가와 사회를 위해서가 아니라 한 명 한 명의 엄마와 아빠를 위해서 '시스템을 갖춘 배려'를 준비해야 할 때입니다. 그 배려 속에서 각자는 소중한 아이를 낳는 일이 '현명한 선택'이 되도록 다시 적응할 것입니다.

삶의 다양성을 인정하고, 모든 이가 각자의 선택을 존중받을 수 있을 때, 아이가 사라지지 않는 세상을 만들 수 있을 것입니다. 서로 눈치 보지 않는 삶을 사는 첫 번째 방법은 각자 다름을 백안시하지 않고 있는 그대로를 인정하는 것입니다. 세상의 다양성에 조금씩 기여하는 핵개인들의 모둠은 그 자체로 아름다운 우리 종의 미래입니다.

초저출산은
왜 생겼을까?

모색

6

한국 소멸 위기?
새로운 문화와 제도로
대응한 역사적 사례

주
경
철

주경철

서울대학교 사회과학대학 경제학과와 같은 대학원 서양사학과를 졸업한 후 파리 사회과학고등연구원에서 역사학 박사 학위를 받았다. 현재 서울대학교 역사학부 교수로 재직 중이며, 서울대학교 역사연구소 소장과 중세르네상스연구소 소장, 도시사학회 회장 등을 지냈다. 서양 근대의 출현과 그 이후의 전지구적 통합 과정을 연구하고 있다. 저서로 《대항해 시대》《문명과 바다》《주경철의 유럽인 이야기》《그해, 역사가 바뀌다》《바다 인류》《일요일의 역사가》 등이 있으며, 《지중해》《물질문명과 자본주의》 등을 우리말로 옮겼다.

2018년 합계출산율이 사상 처음 1명 이하로 떨어졌습니다. 2023년 8월에는 처음으로 월 2만 명 아래를 기록했다고 합니다. 앞으로 이런 경향이 지속된다면 결국은 인구가 줄어서 정말 심각한 사태가 초래될 가능성이 있습니다. 중요한 문제가 아닐 수 없지요. 그런데 여기에서 한번 생각해보아야 할 점들이 있습니다. 이 문제가 과연 우리 시대, 우리나라만 겪는 것인가, 혹시 유사한 사례는 없는가, 역사 속 유사한 경험에 비추어볼 때 비슷한 점은 무엇이며 완전히 다른 점은 무엇인가 하는 점들입니다. 다른 시대, 다른 사회에도 출산율이 하락하거나 인구가 감소하는 경우가 많았지요. 그와 같은 사례들을 오늘날 우리의 현실과 비교해보면 우리 사회가 안고 있는 문제를 더 정확히 알 수 있지 않을까요? 이는 인구 문제와 저출산 현상을 다루는 이 책의 제작에 가장 어울리지 않는 것 같은 역사가인 제가 참여한 이유이기도 합니다. 그런 관점에서 몇 나라 사례에 대해 말씀드리려고 합니다.

딸 아들 구별 말고…

우리나라는 빠르게 변하는 사회입니다. 그런데 실은 우리가 생각하는 것보다 훨씬 더 빠른 속도로 변해왔다는 사실을 다시 한 번

산아제한에서 출산장려로 정부 정책 방향이 바뀌는 데 불과 30여 년밖에 걸리지 않았다.

강조하지 않을 수 없습니다. 어쩌면 우리는 우리 사회의 놀라운 변화 속도에 너무나 익숙해져 있어서 다른 사회도 그러려니, 우리의 현재 상황이 과거와 큰 차이가 없겠거니 생각하는지도 모릅니다. 하지만 전혀 그렇지 않습니다. 지난 반세기 우리 사회는 정말 세계사적으로 유례없이 역동적인 사회였습니다.

지금 우리가 저출산 문제로 고민하고 있지만, 이것도 그리 오래된 일이 아닙니다. 20~30년 전만 하더라도 '대한가족계획협회'라는 기구가 열심히 출산을 '억제'하려는 노력을 기울였습니다. 대표적인 홍보 문구, 기억하시는지요? "하나씩만 낳아도 삼천리는 초만원." 사실 이 말 자체는 완전히 거짓말입니다. 최근 우리가 직면한 현실이 바로 여성 한 명이 평생 한 명의 아이만 낳는 것인데, 삼천리가 초만원이 되는 것이 아니라 조만간 텅텅 비지 않을까 걱정하고 있지 않습니까? 당시는 저렇게 거짓말을 해서라도 인구 증가를 막으려고 했습니다.

다음 광고는 지금 보면 다소 충격적입니다. 어떻게 저런 말을 거침없이 했을까 의아할 정도입니다. "셋부터는 부끄럽습니다." 집안에서 첫째와 둘째인 아이가 환하게 웃으며 손을 들고 있는 반면, 한 아이가 "나는 셋째"라면서 죄책감 가득한 표정으로 마지못해 손을 들고 있죠. 주위 아이들이 "너네 부모님은 야만인이네"라고 놀리는 소리가 들리는 듯합니다.

축구스타 차범근 씨도 "하나만 더 낳고 그만두겠어요"라며 가

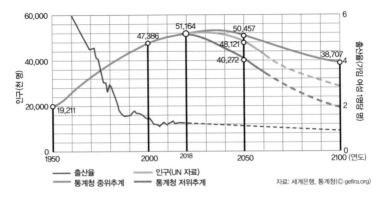

세계사적으로 유례없이 빠른 속도로 성장한 사회, 지금의 인구 감소 추세는 자체적인 자정 작용일까?

족계획 광고에 등장했습니다. 하지만 사실 차범근 씨는 셋째 아이까지 두었죠. 하여튼 그때 약속대로 태어난 둘째 아이가 국가대표로도 활약한 차두리 씨지요.

"딸 아들 구별 말고 둘만 낳아 잘 기르자"같은 표어는 이제 온데간데없고, "딸 아들 구별 말고 많이 낳아 잘 기르자" "자녀에게 가장 큰 선물은 동생입니다!"라는 구호의 시대가 되었습니다. 인구 구조가 짧은 시간 안에 완전히 역전된 것이지요.

1950년부터 현재까지 우리나라(남한) 인구 변동 그래프를 한번 봅시다. 위 그래프를 유심히 보면 아주 놀라운 사실을 확인하게 됩니다. 단순한 사실인데도 놀랍기 그지없습니다. 1950년에 우리나라 인구가 2,000만 명이었어요. 해방되고 나서 이승만 대통령

이 귀국 연설할 때 "이천만 동포 여러분!"이라고 했지요. 제 학창 시절에는 "삼천만 국민"이었는데, 어느덧 5,000만이 넘었습니다. 50년 만에 인구가 2.5배로 성장한 사회가 또 있을까요? 굉장히 드문 사례일 것 같아요. 최근 인구 감소 가능성을 자꾸 걱정하지만, 지난 반세기 동안 인구가 엄청나게 빠른 속도로 늘어났다는 사실에는 그리 주목하지 않습니다. 제가 봤을 때, 이 정도로 빠른 인구 증가가 일어나면 어떤 식으로든 자체적인 인구 조정이 일어나지 않을까 싶습니다. 조금 모호한 말이겠습니다만, 현재 우리가 염려하는 인구 감소 가능성은 인구 증가 자체에서 귀결된 것일 수도 있을 것입니다.

인구뿐 아닙니다. 경제 역시 세계사적으로 유례없이 빠른 속도로 성장했습니다. 이 점은 저출산 현상과 직접적 관련이 없는 것처럼 보일지 모르겠습니다만, 함께 고려해야 할 사항입니다. 인구 현상은 세상만사와 함께 어우러져 돌아가는 일이겠지요. 제 전공이 경제사이기 때문에, 최근 경제사학계에서 거론되는 내용을 잠시 소개하도록 하겠습니다.

요새 학계가 주목하는 논의가 '1820년 대분기大分岐설'입니다. 세계 경제가 고대로부터 죽 진행되어오다가 19세기 초에 흐름이 크게 바뀌었다는 주장입니다. 우선 산업혁명 이후 생산력이 엄청나게 성장했고, 동시에 그때까지 세계 경제의 패권을 장악하고 있던 중국이 쇠락한 반면 서구 경제가 본격적으로 선두를 차지하게 됩니다. 말하자면 현재 우리에게 익숙한 경제 체제가 이 시기 이후 형성되었다는 것입니다. 자세한 내용은 생략하고, 우리의 주제와 관련된 점만 말씀드리겠습니다. 19세기 초 세계 경제의 판이 새롭게 짜일 때 어느 정도의 경제력을 갖추고 있었느냐가 현재의 경제 수준을 결정했다는 것이 중요한 논점입니다. 대개 그 당시 가난했던 나라는 여전히 가난하고, 부유했던 나라는 여전히 부유하되, 빈부격차가 훨씬 크게 벌어지는 양상을 보입니다. 이것이 지난 200년 동안 일어난 세계 경제성장의 큰 그림이지요.

그런데 이런 세계사적 경향성에서 예외를 보인 지역이 동아시아입니다. 일본, 대만 그리고 한국이 그런 국가들입니다. 그중에서도 특히 한국(남한)이 가장 두드러진 예외입니다. 19세기 초에 우리나라와 비슷한 수준에서 출발했던 나라들이 지금 1인당 GDP 6,000달러 수준에 와 있습니다. 돌려 이야기하면, 현재 우리나라 경제는 1인당 GDP 6,000달러 수준이어야 '정상'이라고 할 수 있겠지요. 그런데 한국(남한)의 2018년 1인당 GDP는 3만 달러를 넘어섰고, 2024년에는 3만 4,653달러로 일본을 근소한 차로 앞설 것이라는 전망도 있습니다.

이는 정말 단순한 사건이 아닙니다. 인류 역사를 통틀어 거의 초유의 일이고, 그래서 많은 경제사학자가 우리의 사례를 주목하고 있습니다. 이토록 빠른 인구 성장과 이토록 빠른 경제성장이 동시에 일어난 사례는 제가 알기로는 없습니다. 전근대 시대에는 흔히 인구 성장과 경제성장이 대립적인 균형을 이루는 경우가 많았고, 현대에 들어오면 인구와 경제가 함께 성장할 수는 있지만 대개 가파르게 증가한 인구는 경제성장을 가로막는 요소로 작용하곤 합니다. 대한민국은 엄청난 인구 성장과 동시에 엄청난 경제성장을 함께 이룬 예외적 사례입니다. 우리가 자랑스럽게 생각해야 할 일이 분명합니다. 그런데 이제 그런 흐름도 한계에 도달하지 않았나 하는 느낌을 받습니다. 그렇게 줄기차게 뛰어왔으니 부작용이 없을 수 없겠지요.

인간도
멸종위기종?

물론 우리가 매우 극적인 형태로 경험하긴 했지만, 이러한 큰 흐름은 사실 다른 많은 나라 역시 보편적으로 겪는다는 점도 알아야 합니다. 세계 인구의 흐름을 보면 흥미롭고도 미스터리한 점들이 보입니다. 역사인구학자들의 추산에 의하면 구석기시대 인류는 총 500만 명이었다고 합니다. 서울 인구의 절반에 불과한 셈이지요. 신석기시대 이후부터 세계 인구가 증가해 서력기원 전후에 2억 5,000만 명에 이르렀다고 하고, 그 후 장기적으로 그리 큰 변화 없이 아주 완만한 성장을 거듭해 1200년경 4억, 15세기 말에 4억 9,000만 명에 도달합니다. 그리고 다시 18세기 이후 급격한 증가세를 보입니다.

가장 이해하기 힘든 것이 이 부분입니다. 세계의 어느 한 지역에서 인구가 늘면 그 이유를 지역 차원에서 찾으면 되겠지요. 그런데 18세기가 지나면서는 세계 대부분 지역에서 인구가 증가하고 또 머잖아 가속화했습니다. 왜 전 세계 인구가 동시에 증가하는 걸까요? 농업이 발전한 덕일까요? 그렇게 단순하지는 않습니다. 우리는 흔히 '농업혁명'으로 먹을거리가 풍부해져 인구가 증가했으리라 짐작합니다. 그런데 실상은 그 반대입니다. 인구가 먼저 증가한 다음 그 결과로 농업이 개선됩니다. 우리의 직관과는 많이 다르죠? 하여튼 지구 전체적으로 보면 유독 호모 사피엔스한 종만 엄청나게 불어난 점은 특이합니다.

그러다가 20세기 후반에 들어와서는 세계 인구 증가세가 '동시에' 완화되고 있습니다. UN 인구 통계를 보면 이 점을 분명하게 확인할 수 있습니다. 1980년에서 2000년 사이의 기간을 보면, 극히 예외적인 나라(미국이 포함됩니다)를 제외하고 거의 모든 나라의 출산율이 감소했습니다. 이제 이전과 같은 '급격한 세계 인구 증가' 현상은 멈추었고, 일부 국가들에서는 오히려 인구가 감소하고 있습니다. 그러므로 다시 이야기하지만, 출산율 저하는 우리만의 문제가 아니라 전 세계적인 현상입니다. 물론 우리나라의 인구 문제를 이해하기 위해서는 우리만의 독특한 원인을 살펴보아야 합니다. 그렇지만 이 현상이 세계 공통의 큰 흐름 속에 있다는 사실은 분명 염두에 두어야 할 것입니다.

UN 통계 자료를 보건대, 전 세계 평균적으로 1950년에는 여성 한 명이 평생에 4.7명의 아이를 낳았는데, 지금은 그 수치가 2.4로 줄었습니다. 인구를 유지하기 위한 합계출산율이 2.1이므로, 합계출산율 2.4라면 아직 세계 인구는 증가하고 있습니다. 하지만 느는 속도가 굉장히 느려졌다는 것은 분명합니다. 심지어 합계출산율 2.1명이 안 되는 나라, 다시 말해서 실제로 인구가 감소하는 나라도 이미 33개국입니다. 출산율 감소는 정말로 우리만의 문제가 아닙니다.

그러면 앞으로 세계 인구는 어떻게 될까요? 전문가들은 아마도 90억에서 100억 정도까지 늘었다가 그 수준에서 멈추지 않을까 추산합니다. 그 이후에는 오히려 감소세로 돌아서겠지요. 만일 현재 경향이 그대로 지속된다면, 2200년경에는 유럽인이 사라지고 2400년이 되면 인간 종이 멸종할 것이라고 합니다. 물론 현재 경향이 그대로 지속되면 이론적으로 그럴 수도 있으리라는 것이고, 분명 상황이 달라지겠지만요.

그런데 인구 감소 혹은 인구 증가세가 진정되는 추세를 두고 우리는 계속 부정적인 현상인 것처럼 말해왔습니다. 과연 그럴까요? 사실은 긍정적일 수도 있고, 부정적일 수도 있겠죠. 그 둘로 나눠서 생각해보도록 하겠습니다.

긍정적인
인구 감소 사례

|

사실 아이를 적게 낳는 것은 여태까지는 대개 긍정적인 현상이었어요. 쉽게 생각해봐도, 7, 8명을 낳아 키우느라 평생 고생하기보다는 3명이나 2명만 낳고 풍족한 생활을 하는 것이 더 나은 삶 아닐까요? 특히 여성의 경우 아이를 많이 낳아서 키우며 집안일에 평생 얽매여 사는 것보다는 원하는 사회활동을 하며 자신의 삶을 주체적으로 사는 것이 더 행복하지 않을까요? 세계 많은 지역에서 출산율이 감소한 것은 대개 이러한 근대화 현상이었습니다.

또 한 가지 고려해볼 중요한 요인은 문자해독률이에요. 현재 전 세계적으로 문자해독률이 높아지고 있습니다. 후진국에는 아직도 문자를 깨치지 못해 글을 못 읽는 사람이 상당히 많거든요. 후진국 원조 사업을 하는 사람들에 의하면, 여러 사업 가운데 가장 극적으로 개선되는 것 중 하나가 젊은이들의 문자해독률 증가라고 합니다. 아마 21세기 중반, 2050년 즈음 되면 전 세계 젊은이들이 모두 문자를 깨치게 되리라 예상합니다. 문자가 발명된 지 5,000년 만에 세계 모든 사람이 글을 읽고 쓰게 되는 셈이죠. 이 역시 따지고 보면 기적 같은 일입니다.

여성의 출산율 감소와 청년의 문자해독률 증가라는 두 요소를 함께 생각해봅시다. 어떤 의미를 추출해볼 수 있을까요? 여성은 어린 나이에 결혼해 아이를 7, 8명씩 낳아 육아에 완전히 매이고, 극소수 사람을 제외한 대다수는 글을 몰라 세상이 어떻게 돌아가는지 까맣게 모른 채 주어진 일만 하는 것이 전근대 세계인의 삶이었습니다. 이제는 삶의 양태가 바뀌었습니다. 표현이 조금 이상할지 모르겠습니다만, 이제는 그처럼 '막 사는' 시대가 아니지요. 내가 원하는 방식에 맞춰 아이 수를 조절하고, 문자를 통해 자신에게 필요한 정보를 얻으며 살아갑니다. 여성의 자기결정권이 강화되고, 전체적인 삶의 수준이 올라가 있는 것이지요. 즉, 자신의 삶을 어떻게 살지 스스로 생각하고 계산하고 디자인하면서 사는 겁니다. 이런 맥락에서 본다면 출산율 저하는 적어도 지금까지는 긍정적인 현상이었습니다.

구체적인 사례로 아프리카의 이슬람 국가 알제리를 살펴보겠습니다. 이 나라에서는 1970년에 여성 1인당 출산율이 8.0이었어요. 세계 최고 수준이었습니다. 시간이 지나면서 6.0, 4.0으로 떨어지다가 현재 3.0 이하가 되었고, 앞으로 더욱 떨어질 것으로 예상됩니다. 어떻게 해서 그런 결과가 나왔는지 더 자세히 알아보겠습니다.

이 나라의 문맹 여성들은 출산율이 5.6인 반면, 중등 이상 교육을 받은 여성의 출산율은 2.5입니다. 그런데 중등 이상의 교육을 받은 여성의 비율은 점점 높아져 2025년에는 77퍼센트가 될 것으로 예상합니다. 자연히 출생아 수가 줄겠죠. 또 시골 여성은 출산율이 5.3인 데 비해 도시 여성은 3.6입니다. 도시화가 진행되는 만큼 역시 출산율이 저하될 것입니다. 외국 문화의 영향도 매우 중요하지요. 알제리는 프랑스와 접촉이 많아 유럽식 생활양식과 가치관 등이 유입됩니다. 이런 요인들이 결합해 알제리의 출산율이 떨어지는 거지요. 가만히 보면 지난 70~90년대를 거쳐온 우리와 유사합니다.

알제리를 예로 들었습니다만, 다른 이슬람 국가들도 다 비슷해요. 이슬람 국가를 예로 든 것은, 대체로 이슬람 국가가 보수적 성향이 강하기 때문입니다. 보수적 국가들마저도 세계적 추세에서 벗어나 있지 않다는 것이지요. 다만 출산율이 떨어지다가 최근 다시 역전 현상을 보이는 나라가 있습니다. 이집트가 그런 나라입니다. 이 나라는 왜 그럴까요? 아직 연구 중입니다. 정치 격변이 있었고, 부분적으로 이슬람 근본주의가 다시 살아났기 때문이라고 인구학자들이나 사회학자들이 조심스럽게 진단하지만, 아직 명확한 결론을 내리기는 어렵다고 합니다.

사회병리적 인구 감소
: 1990년대 러시아 사례

사회 발전의 현상으로서 적정한 수준으로 아이 수를 통제하는 것을 거론했습니다만, 우려할 만한 정도로 빠르게 출산율이 감소하는 병리적인 현상도 생각해볼 수 있습니다. 사회가 병이 깊어서 아이 수가 감소한 나라로는 어디가 있을까요? 사회주의 몰락 이후 1990년대 러시아가 대표적입니다.

러시아는 1990년에 인구가 1억 5,000만 명에 가까웠어요. 그런데 사회주의 체제가 무너지고 난 후 10년 동안 인구가 많이 줄어서 1999년에는 1억 1,700만 명이 되었습니다. 사람이 많이 죽고 아이는 덜 태어난 것입니다. 소련의 마지막 지도자 고르바초프의 시대 수준만이라도 유지되었더라면 700만 명의 아이가 더 태어났을 것이라고 합니다. 10년 동안 지속된 어려운 사회적 환경으로 인해 700만 명의 아이가 사라졌다는 것인데, 이는 제1차 세계대전 희생자의 3배에 달합니다. 인구 감소가 세계대전만큼 큰 충격을 준 셈이라 할 수 있습니다.

이 시기 러시아의 인구 관련 수치들은 하나같이 어둡습니다. 출생 시 기대수명을 볼까요? 1986년에 64.9세였는데, 1999년에 59.9세로 떨어집니다. 환갑을 맞지 못하고 죽는다는 것인데, 이건 굉장히 낮은 수치예요. 마다가스카르와 미얀마 수준에 해당합니다. 한때 세계 패권을 놓고 미국과 자웅을 겨룬 나라인데, 기대수명이 미국과는 비교가 안 되는 수준으로 떨어지고 말았습니다. 미국의 경우 기대수명이 계속 증가해 80세에 육박합니다. 출생 시 기대수명이란 신생아가 몇 살까지 살 것인지 예측한 값인데, 미국

에서는 80세까지 살고 러시아에서는 60세를 못 넘긴다는 이야기
지요.

소련 혹은 러시아 인구와 관련된 흥미로운 사실이 있습니다. 미
국과 소련이 한창 대립하고 있던 냉전 시대, 소련의 위상은 대단
해 보였습니다. 요즘 같으면 미국과 중국의 대립 구도와 같았습니
다. 그런데 바로 그런 세계 최강 국가가 어느 날 '쿵' 하고 무너진
겁니다. 눈앞에서 거대한 세계가 주저앉았습니다. 이렇게 엄청난
변화가 일어났는데, 그것을 사전에 예측한 학자가 있었던가요?
없었어요. 그 많은 사회과학자가 그 엄청난 변화가 일어나는데도
전혀 감을 잡지 못하고 있었던 것입니다. 소련이 무너지기 1년 전
만 하더라도 학자들은 전혀 엉뚱한 말만 했습니다. 그러다가 덜컥
무너지고 난 뒤에야 왜 소련이 무너질 수밖에 없었는지 사후적事
後的으로 분석을 할 뿐이었습니다. 그 당시에 사회과학자들이 굉
장히 깊이 반성했다고 하네요. 우리 학문의 수준이 이 정도일까?
학자들의 예측력이 그토록 형편없단 말인가?

그런데 정말 아무도 없었던 것은 아니고, 제가 알기로 거의 유
일하게 소련 몰락을 예측한 프랑스 학자가 있었습니다. 에마뉘엘
토드Emmanuel Todd라는 사회과학자입니다. 사람들이 그를 두고
천재라고 하고, 그도 스스로를 천재로 인식하는 것 같더군요. 이
학자는 전공이 인구학, 사회통계입니다. 소련 말기의 인구와 경제
사회 관련 통계 수치들을 분석하고는 명료하게 결론을 내립니다.

기대수명이 떨어지고, 유아사망률은 높아지고, 자살률과 범죄율 등등이 높아지고, 경제 수치들도 계속 악화되는 등의 정황을 보건대 소련 사회는 이제 되돌릴 수 없는 붕괴 단계로 들어섰다고 판단한 것입니다. 숫자를 읽을 수 있는 혜안이 있으면 이런 큰 흐름을 파악할 수 있습니다.

소련이 무너지기 이전부터 러시아 사회는 심각한 병리현상을 드러냈습니다. 무엇보다 사회 안전망이 심각하게 붕괴되었어요. 그리고 매우 부정적인 사회 현상들이 나타납니다. 러시아 사회를 거론하면서 빠지지 않는 것이 바로 보드카입니다. 정말 심각한 사회 문제를 야기하는 것이 알코올 중독입니다. 1인당 하루 평균 거의 한 병의 보드카를 마신다고 하니, 건강·위생 문제도 심각하고, 술과 연관된 각종 사회 문제들이 빈발하는 것이 당연합니다. 살인, 자살, 교통사고 등 '외부 요인'에 의한 사망도 엄청나게 높습니다. 살인율만 보아도 그렇게 총기 사고가 많이 일어나는 미국보다 세 배나 높습니다. 러시아 남성들은 '생명에 지극히 위험한 삶의 방식'을 영위한다고 표현합니다. 에이즈, 결핵, 심폐질환 발병률도 굉장히 높고요. 100쌍이 결혼해 56쌍이 이혼할 정도로 이혼율도 높습니다. 교육 문제도 심각합니다. 러시아의 교육은 적어도 양적으로는 매우 수준 높은 것으로 나타나지만, 문제는 교육 성취도입니다. 초등교육, 중등교육, 고등교육 할 것 없이 질이 굉장히 떨어집니다.

소련이 무너지기 이전부터
러시아 사회는 심각한
병리현상을 드러냈습니다.

무엇보다 사회 안전망이
심각하게 붕괴되었어요.
그리고 매우 부정적인
사회 현상들이 나타납니다.

남의 나라 이야기를 하면서 우리를 돌아보게 됩니다. 우리가 이 정도의 위기에 빠진 것은 분명 아니고, 당연히 그래서는 안 되겠지요. 그런데 사실 우려스러운 점이 없지 않습니다. 우리의 알코올 소비라든지, 교육 문제라든지, 이혼 문제, 불안한 사회 안전망 등을 떠올려보면 우리도 잠재적으로 위험을 안고 있는 것으로 보입니다. 우리의 인구 동향이 그와 같은 불안 요인들과 결합할 경우 자칫 매우 위험한 상황으로 치닫지 않을까 걱정이 앞섭니다. 우리로서는 그런 일이 일어나지 않도록 잘 대비해야겠지요.

진짜 다문화가정이 필요하다

인구 감소에 대한 하나의 해결책은 이민입니다. 남의 일이 아닙니다. 우리도 조만간 인구 감소 시대로 들어갈 수도 있고, 그럴 경우 이민 수용을 적극 고려해야 할 것입니다. 이미 우리는 다른 민족이나 인종을 대하는 자세가 많이 변했습니다. 서울 같은 대도시에서는 많은 외국인이 자연스럽게 지내고, 그래서 지난날 우리가 외국인에게 가졌던 편협한 태도는 많이 누그러진 것 같습니다. 인구 구조가 바뀌면 사회적인 관습이라든지 세계를 바라보는 시각도 사실 많이 바뀌거든요.

역사적으로 흔히 그랬습니다. 유럽 역사를 보면, 인구가 많고 인구 밀도가 높을 때에는 성적인 관행이 굉장히 보수적이고, 재혼에 대한 저항이 매우 컸습니다. 귀족 가문 내부로 한정해보더라도 가문의 재산을 유지하기 위해 딸들을 수도원으로 보내곤 했습니다. 그런데 어떤 이유에서든 인구가 부족해지는 상황이 되면 사회 관습이나 도덕 등이 크게 흔들리고 느슨해집니다. 재혼 비율도 굉장히 높아지고 성적 모럴도 바뀌곤 합니다. 우리도 백의민족이니 단일민족이니 하는 일종의 신화적 사고가 강하게 작용해왔지만, 외국인은 더욱 유입될 것이고, 자연스럽게 내국인과 결혼하는 외국인도 크게 늘어날 것 같습니다. 우리와 마찬가지로 인구 문제가 심각한 일본에서는 현재 이민 문호를 여는 문제로 많은 논의가 이루어지고 있는데, 참고할 필요가 있습니다.

다시 러시아 경우를 보면, 역시 인구 감소분을 이민으로 벌충하려 합니다. 과거 소련 시대 한솥밥을 먹은 주변 국가 사람들, 곧 캅카스, 중앙아시아 지역에서 노동력을 유입해서 보충하고 있습니다. 그렇지만 이것도 한계에 이르렀다고 하네요. 오히려 능력 있는 젊은 사람들이 국외로 나가고 노인들이 많이 유입되어 장기적으로는 별로 좋은 해결책은 되지 않는 것으로 알려져 있어요. 그러다 보니까 러시아의 인구 노화가 더욱 가속화되고 있다고 합니다. 러시아 정부는 이와 같은 인구 문제에 대해 어떤 해결책을 준비하고 있을까요? 일단 최악의 고비는 넘겼습니다. 1990년대에는 이

상태로 가면 21세기 중반쯤 러시아 민족이 소멸할지 모른다는 위기의식이 매우 강했는데, 이제는 소멸을 두려워할 정도는 분명 아닙니다. 그렇다 해도 장기적 전망이 밝지는 않습니다. 인구 동향이란 하루아침에 바뀌는 게 아니기 때문입니다. 2025년에는 20대 여성 수가 현재보다 45퍼센트 적으리라고 하니, 출산이 크게 늘 수가 없고, 당분간 인구 노령화가 가속화할 것으로 보입니다.

물론 지금 러시아만이 아니라 독일이나 이탈리아 등 많은 유럽 국가의 출산율이 하락하고 또 인구 노령화도 진행되고 있죠. 그런데 러시아와 결정적으로 다른 점은 프랑스라든지 독일, 이탈리아 같은 나라는 경제·복지·위생 같은 요소들이 양호한 상태에서 인구 문제를 맞아 충격을 완충할 수가 있다는 것입니다. 러시아의 경우에는 그런 준비가 안 된 상태에서 인구가 감소하기 때문에 이 충격이 지금도 지속되고 있고, 앞으로도 상당히 큰 영향을 미치지 않을까 우려하고 있습니다.

이제 러시아 사례를 조금 다른 각도에서 재조명해볼까요. 러시아인들은 개인 차원에서 사회주의 체제의 붕괴를 어떻게 수용했을까요? 세상만사 다 그렇듯이, 사회주의 체제 역시 좋은 점이 있고, 나쁜 점이 있겠죠. 이론상으로 사회주의 국가는 모든 것을 결정하고 배급하고 책임져줍니다. 어떻게 보면 국가가 개인 삶을 철저하게 보장해주는 것이고, 달리 보면 지나치게 간섭을 하는 것입니다. 그런데 이런 시스템이 어느 날 사라지고 나니까 갑자기 개인과 가족이 '해방'되었다고 할 수 있겠지요. 자신의 운명을 스스로가 결정한다는 것, 자유롭게 살아간다는 것은 당연히 좋은 일입니다.

그렇지만 그것도 좋은 환경에서 누려야 긍정적이지요. 자유니 자기 결정이니 독립이니 하는 것들이 개인의 기회를 살려주려면 사회 기반이 잘 갖추어져 있어야 하지 않겠습니까. 사회적으로 대비가 안 된 상태에서 갑자기 해방이 되니까 오히려 해방이 굉장히 부담스러울 수 있겠지요. 교육 여건도 좋지 않고, 건강이나 위생 수준도 낮고, 경제 수준도 밑바닥인데, 이전에 작동했던 각종 혜택과 보장은 사라지고 이제부터 개인들이 알아서 살아가라고 하면 안정적으로 결혼하고 아이 낳고 살아가기 힘들겠지요.

새로운 도덕
: 프랑스 사례

지금까지 알제리와 러시아 사회의 사례를 살펴보았습니다. 한 경우는 비교적 긍정적이고, 다른 경우는 매우 부정적이었습니다. 간단하게라도 프랑스 사회를 참고해보면 좋을 것 같습니다.

프랑스는 우리가 요즘 목도하고 있는 인구 감소 현상이 상당히 일찍 시작되었어요. 매우 전통적인 가치를 고수하다가 1950~1960년

각종 신청서 등 프랑스의
공문서에는 결혼 상태를 묻는 난에
'기혼' '미혼' '이혼' 외에 '동거'가
추가되어 있어요.
이때 '동거'는 절반 정도는
결혼한 상태를 이릅니다.

관청에서 동거 증명서도 발급받고,
예컨대 노동 계약 혹은 복지 수급 등에서도
별도의 법적 상태로 보장받습니다.

대에 베이비붐이 일었고, 이후 사회 관례나 성 모럴, 결혼 제도 등에서 큰 변화를 겪었습니다. 제가 유학했을 때인 1980년대만 해도 신문이나 TV, 만화책을 보면 할머니, 할아버지들과 젊은이들 사이의 생각 차이가 매우 컸습니다. 어르신들이 "우리 때에 내가 요즘 애들처럼 했다면 아마 십자가에 못 박혔을 거다"라고 말하곤 했지요. 그만큼 젊은 사람들은 이전과는 완전히 다른 생활 방식을 지향했습니다.

대표적인 것이 동거입니다. 코아비타시옹Cohabitation 혹은 콩퀴비나주Concubinage라고 하는 방식은 결혼과 비혼/미혼의 중간 상태라고 할 수 있습니다. 각종 신청서 등 프랑스의 공문서에는 결혼 상태를 묻는 난에 '기혼' '미혼' '이혼' 외에 '동거'가 추가되어 있어요. 이때 '동거'는 함께 사는 정도를 넘어선, 말하자면 절반 정도는 결혼한 상태를 이릅니다. 관청에서 동거 증명서도 발급받고, 예컨대 노동 계약 혹은 복지 수급 등에서도 별도의 법적 상태로 보장받습니다.

요즘 우리 사회의 젊은이들이 추구하는 상태가 이와 비슷하지 않을까 싶네요. 한 사람과 평생 함께 살아가는 큰 결정을 내리는 것은 피하되 감성적으로, 성적으로 혹은 경제적으로 함께 지내는 거지요. 가족제도라는 것이 당연히 좋은 점도 있지만 굉장히 억압적이기도 하지 않습니까? 그러니 '시월드' 안 겪고, 그냥 나 좋은 것 하면서 살면 그 나름 좋은 면이 있겠지요. 아이를 낳아 키우는 것 역시 현재 우리 사회에서는 지나치게 부담스럽고 힘든 일로 여겨지니 아예 피하고 말이죠. 프랑스는 우리보다 먼저 이런 일들이 진행되었습니다.

이렇게 라이프스타일을 편하게 조정하면, 얻는 것이 있는 반면 잃는 것도 있겠지요. 약간 부정적인 측면을 보자면, 특히 미혼의 경우 젊었을 때에는 속시원하게 살아갈 수 있지만 문제는 중년이 되었을 때입니다. 40, 50대에 이르러서도 결혼을 안 한 사람들은 흔히 굉장히 괴로워해요. 그때쯤 되면 약간의 구속이 없지 않더라도 잔소리해주는 사람의 존재가, 그 사람과 함께 키운 자녀가, 그렇게 사람 온기가 도는 따뜻한 집이 있다는 사실에 매우 감사하게 된다는 것이지요. 반대로 집에 아무도 없으면 정말 고역입니다. "젊을 때는 신나게 춤추며 놀고 여러 사람 만나고 했는데, 나이 40, 50에 클럽 가서 누군가를 찾아야 하는 일이 이제는 비참하고 괴롭다"는 것입니다.

저는 이 자리에서 결혼하는 게 좋다든지, 미혼/비혼이 좋다든지, 혹은 법적인 동거 상태가 낫겠다든지 하는 주장을 할 생각은 없습니다. 다만 우리 사회가 급속히 변하고 있고, 새로운 제도와 관습, 도덕 등이 형성되고 있다는 현실을 확인한 이상, 그런 점에 대해 성찰하고 최선의 대비를 해야 한다는 정도의 말씀을 드리고 싶습니다. 비혼과 결혼에는 각기 장단점이 있겠죠. 아마 우리 사회는 이 모두를 경험해나갈 것 같아요. 마치 시계추가 왔다 갔다

하는 것처럼 이쪽으로 갔다가 문제점에 직면해 다시 반대쪽으로 가고, 그러면서 극단적인 경험을 한 다음, 결국 새로운 균형을 찾지 않을까요?

그렇다면 중장기적으로 볼 때 새로운 방식의 행복을 찾을 때까지 사회와 국가가 안전망을 갖춰주면서 새 제도와 관행이 연착륙하도록 해야 하지 않을까 합니다. 그런 점에서 프랑스의 경우를 참고할 수 있겠습니다.

모색

7

맬서스와 다윈의
상상 대담:
한국의 초저출산 원인과 해법은?

조영태

조영태

고려대학교 사회학과를 졸업하고, 미국 텍사스 대학교에서 사회학으로 석사를, 인구학으로 박사 학위를 받았다. 2004년부터 서울대학교 보건대학원에서 인구학을 공부하며 후학을 양성하고 있다. 한국인구학회, 한국보건사회학회, 아시아인구학회에서 이사로 활동하고 있다. 2015년 연구년 기간 동안 베트남 정부에 인구 정책 전문가로 초청되어 1년간 베트남 인구 정책 방향 설정을 도왔다. 우리나라는 물론 미국, 일본, 중국, 베트남 등 주요 국가들의 인구 변동 특성을 통해 미래사회 및 시장변화를 예측하는 연구를 수행하고 있다. 2018년부터 서울대학교 보건대학원 인구정책연구센터의 센터장으로서 기초 및 광역 지방정부가 인구 현안을 극복하고 미래를 준비하는 데 필요한 정책을 제안하고 있다. 저서로 《정해진 미래》《정해진 미래 시장의 기회》가 있으며, 《정해진 미래》로 2017년 정진기언론문화상 대상을 수상했다.

이 책은 심각한 사회 문제로 대두된 우리 사회의 저출산 현상에 대해 이야기하고 있습니다. 보통 '저출산'이라고 하면 사회정책학, 사회복지학, 여성학, 경제학같이 사회구조를 다루는 분야의 학자들이 연구해야 할 주제로 여깁니다. 그런데 이 책은 조금, 아니 많이 다릅니다. 저출산 현상과는 직접적으로 관계가 없는 듯 보이는 전공의 학자들이 각자의 관점에서 저출산에 대한 견해를 펼칩니다.

출산에 대한 통시적·탈공간적 접근의 필요성

한번 생각해볼까요. 여러분이 그동안 언론을 통해 접한 저출산 현상의 원인으로는 무엇이 있나요? 아이를 믿고 맡길 수 있는 보육 시설이 부족하다, 직장의 문화와 제도가 일과 가정을 동시에 돌보기 어렵게 만들고 있다, 과도한 사교육으로 아이를 키우기 두렵다, 청년들의 일자리가 너무 부족하다, 결혼하면 살 집이 있어야 하는데 너무 비싸다, 여성의 독박육아가 문제다 등등 다양한 원인을 들어왔습니다. 실제로 결혼이나 출산을 미루거나 포기한 분들은 동감하실 겁니다. 모두 사회의 제도나 정책과 관련이 있습니다.

저출산 현상의 원인에 대한 진단이 그러하니 저출산의 해소 방안도 당연히 관련된 구조와 제도에 집중되었습니다. 2006년부터 정부가 저출산 대응 정책으로 지출한 예산이 130조 원인데, 그중 거의 70퍼센트가 보육 환경 개선 사업에 집중되었습니다. 최근에는 청년들의 일자리와 주거 복지 등이 정부로부터 주목받고 있습니다. 2019년 1월부터 300인 이상 종사 기업은 주 52시간을 초과해서 근무할 수 없습니다. 남편들의 유급 출산휴가 일수를 조정하고 육아휴직을 장려하는 문화도 만들고 있었습니다. 정책의 내용만 보면 모두 훌륭합니다. 그런데 뭔가 꽉 막힌 기분이 듭니다.

보육 환경이 얼마나, 어디까지 개선되어야 실제로 영향력을 발휘하게 될까요? 기대 수준이 이미 높아져 있는 청년들의 눈높이에 맞는 일자리를 새롭게 만들어낼 수 있을까요? 청년들이 살 집을 임대로 공급한다 해도 여전히 내 집 마련은 불가능할 것인데, 임대주택을 받는다고 자녀를 낳을까요? 청년은 언제까지 임대주택에 살아야 하나요? 주 52시간 근무제도가 도입되어 '저녁이 있는 삶'이 주어지면 청년들은 흔히 말하는 '혼활(혼인활동)'을 하고 결혼도 할까요? 남편들의 육아휴직 제도가 확산되면 여성들이 독박육아로부터 자유로워지고 부부는 한 명 이상의 자녀를 출산하게 될까요?

제도 하나하나 보면 좋은 내용을 담고 있고, 모든 제도가 잘 작동하면 청년들의 삶의 질이 좋아질 것은 거의 확실합니다. 그런데 각각의 제도가, 혹은 모든 제도가 한꺼번에 작동한다 할지라도 청년들의 삶의 질 향상을 넘어 저출산 현상이 해소될 것이라 기대하는 사람은 많지 않을 것입니다. 이미 타당한 반론이 수없이 제기되었습니다. 이렇게 말이죠. 과거에는 그럼 보육 환경이 좋아서 출산율이 높았나? 서울과 수도권이야 주택 가격이 높지만 지방의 주택 가격은 높지 않은데도 지방 역시 출산율이 높지 않다, 구직자의 기대 수준에 맞는 일자리가 풍족했던 적은 한 번도 없었다, 우리나라에 비해 여성의 가정 내 지위가 훨씬 높은 이웃나라 대만도 우리만큼 심각한 저출산 현상을 경험하고 있다 등등.

어떤가요? 마음 한편의 답답함을 지울 수가 없지요? 물론 지금까지 사회구조의 중요성을 강조해온 사람들은 이렇게 반문할 수도 있습니다. "그럼 저 정책들을 시행하지 말자는 소리냐?"고요. 절대로 아닙니다. 위 정책들은 그동안 우리 사회에 없었던 복지 정책들로서, 각각 모두 가치 있고 이미 마련되어 실시 중이니 반드시 계속되어야 합니다. 단지 복지 정책들이 만병통치약처럼 저출산 현상을 해소해줄 것으로 기대할 수도 없고, 해서도 안 된다는 말씀입니다.

그럼 어떻게 해야 할까요? 현재의 저출산 현상을 정상적인 상황으로 보기에는 무리가 있습니다. 앞서 소개된 소련 붕괴 직후 러시아의 상황처럼 말이죠. 그러니 더더욱 저출산 현상의 원인에 대한 정확한 진단이 필요하고, 이를 토대로 유효한 정책이 마련되

저출산 현상의 원인에 대한
정확한 진단이 필요하고,
이를 토대로 유효한 정책이
마련되어야 합니다.

이것이 바로 겉으로 봐서는
저출산 현상과 상관없어 보이는
학자들이 모여 각자의 관점에서
저출산 현상을 조망한 이유입니다.

어야 합니다. 이것이 바로 겉으로는 저출산 현상과 상관없어 보이는 학자들이 모여 각자의 관점에서 저출산 현상을 조망한 이유입니다.

우리 사회의 저출산 현상을 제대로 이해하기 위해서는 출산 자체에 대한 이해가 선행되어야 합니다. 출산과 관련된 근본적인 사항들에 대한 이해 없이 저출산 현상의 원인을 파악할 수 있다고 생각하는 것 자체가 능력에 대한 과신입니다. 이 책에 참여한 분들의 연구는 저출산 현상보다는 출산 자체와 큰 연관이 있지요. 물론 이분들이 모두 인간의 '출산'만 연구하는 것은 아닙니다. 주로 인간의 생물학적이며 심리적인 본성을 연구합니다. 인간의 출산도 궁극적으로는 이 본성의 영향을 받을 수밖에 없습니다. 동물로서 인간의 재생산은 생물학적인 본성입니다. 그런데 인간은 다른 동물들과 달리 생각하는 능력이 있기 때문에 재생산 행위에 심리적인 본성이 작동합니다. 그래서 인간의 출산, 더 나아가 우리나라 초저출산 현상의 근본적인 원인을 이해하는 데 생물학적이고 심리학적인 본성에 대한 고찰은 반드시 필요합니다.

여기에 덧붙여 인간의 재생산은 '지금, 여기'만이 아니라 지구상에 인간이 존재하게 된 순간부터 있어왔습니다. 당연히 출산에 대한 역사학적인 접근도 필요하겠죠? 안타깝게도 우리나라 정부의 저출산 대응 정책이 마련되는 과정에 역사학적이며 생물학적이고 심리학적인 본성에 대한 고찰은 포함된 적이 없었습니다. 그렇기 때문에 이 책을 통해 저자들은 다소 생소하게 느껴질 수 있지만 인간의 출산과 우리 사회의 저출산 현상에 대한 근본적 질문을 던지고자 하는 것입니다. 그래야 저출산 현상에 대해 제대로 된 진단이 나올 것이고 해결의 실마리도 잡을 수 있을 테니까요.

바로 앞에서 '출산'은 우리나라만이 아니라 세계적으로 수만 년 동안 있어왔다고 했습니다. 물론 2024년 현재 한국인이 자녀를 낳고 기르는 다양한 맥락은 여타 공간과 시간의 맥락들과는 크게 다릅니다. 그런데도 언제나 저출산 관련 정책은 다른 나라의 사례를 바탕으로 만들어져왔습니다. 게다가 서울의 출산 관련 맥락은 중소도시 혹은 농어촌 지역과 매우 다릅니다. 서울을 생각하며 만든 정책이 중소도시나 농어촌에서 제대로 작동할 수 없는 이유죠. 하지만 그렇다고 해서 모든 지역에 각각 최적화된 정책을 만들어 내는 것도 현실적으로 불가능합니다. 상황이 이렇기 때문에 인간의 재생산 과정에 대한, 시공간을 넘어선 통시적이며 탈공간적인 이론이 필요합니다. 어떠한 맥락에서도 근본적으로 작동하는 원리 말입니다.

저는 생명체로서의 인간의 출산 혹은 재생산의 근본 원리에 대해 연구한 두 석학에 주목합니다. 바로 인구학의 창시자라 할 수 있는 토머스 맬서스Thomas R. Malthus(1766~1834)와 진화론을 개척한 찰스 다윈Charles Darwin(1809~1882)입니다.

맬서스의 《인구론》

아마도 독자분들은 '맬서스' 혹은 《인구론》에 대해 들어본 적이 있을 것입니다. 학창시절 사회 교과서에 등장했던 "식량 생산은 산술급수적인데 인구 증가는 기하급수적이다"라는 내용이 기억날 것입니다. 맬서스는 만일 인구가 너무 많아져 식량의 총량을 넘어서게 되면 빈곤이 발생하게 된다고 말했습니다.

그런데 맬서스는 그의 저서 《인구론》을 통해 이것 말고도 훨씬 많은 이야기를 당시(18세기 말, 19세기 초) 영국 학계에 던졌습니다.

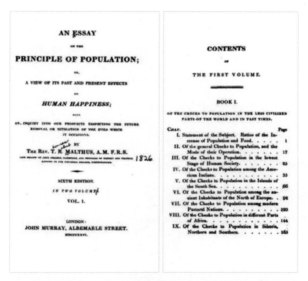

《인구론》 제6판의 원본. 저출산 시대를 맞아 《인구론》을 다시 읽어봐야 한다.

맬서스는 엄청난 양의 독서를 합니다. 플라톤, 아리스토텔레스부터 당대 인물인 애덤 스미스의 책들까지 읽고, 그들의 책에 나타난 인구 조절과 관련한 사항을 정리하고 분석했습니다. 맬서스는 유명 철학자들의 인구 관련 주장과 이론들에서 그치지 않고, 유목 사회부터 18세기 유럽의 주요 국가들에서 어떻게 인구가 조절되어왔는지도 기술했습니다. 그뿐만 아니라 당시 아시아 국가들, 아프리카 대륙, 북아메리카, 그리고 오스트레일리아 대륙에서 왜 인구가 증가했는지 혹은 증감하지 않고 유지되어왔는지 등도 고찰했습니다. 영국의 구빈법, 농업제도, 상업제도 등 당시 영국과 주요 유럽 국가들의 산업과 정책 그리고 제도가 인구 조절에 어떻게 작동되었는지도 분석했습니다.

맬서스는 다양한 시대, 다양한 사회 그리고 다양한 제도가 어떻게 인구를 조절하는 메커니즘을 만들어왔는지 설명했습니다. 그런데 중요한 사실은 인구 조절 메커니즘의 근간에는 시대와 장소를 통괄하는 중요한 전제가 있다는 점을 맬서스가 강조했다는 것입니다. 바로 인간에게 가장 기본이 되는 두 가지 본능입니다.

첫 번째 본능은 생존 본능입니다. 두 번째는 후속 세대를 만들어내는 재생산 본능입니다. 동물로서의 인간은 강력한 재생산 본능을 가지고 있습니다. 그래서 맬서스는 인구 조절 메커니즘이 없었으면 인간은 계속 출산을 했을 것으로 보았습니다. 그런데 재생산 본능보다 더 중요한 것이 바로 생존 본능입니다. 재생산은 다음 세대를 위한 것이고 생존은 자신을 위한 것이죠. 만일 식량이 충분하면 인간은 생존이 가능하고 그러므로 재생산도 하게 됩니다. 하지만 식량이 불충분해서 본인의 생존 자체가 어려워지게 되면 재생산 본능에 앞서 생존 본능이 작동합니다. 인구 조절 메커니즘이 작동되는 것입니다. 이 메커니즘의 방식과 내용은 시대와 장소에 따라 다를 수 있습니다. 하지만 절대로 변하지 않는 사실은, 식량이 부족하여 본인의 생존이 어려운 경우 절대로 재생산을 우선하지 않는다는 것이었습니다. 중국에서도, 18세기 유럽의 여러 나라에서도, 그리고 석기시대에도, 고대 그리스에서도 '출산'과 관련하여 절대로 예외 없이 작동했던 원칙입니다.

그런데 생존을 위한 식량은 그냥 얻을 수 있는 것이 아닙니다. 맬서스는 그가 연구한 모든 사회에서 사람들이 언제나 생존을 위한 식량을 얻고자 끊임없이 서로 경쟁해야 한다는 것을 발견했습니다. 특히 재생산까지 이어지기 어려운 양의 식량이 생산되는 곳에서 경쟁은 더욱 치열해집니다. 이 경쟁은 나와 내 옆에 있는 사람의 경쟁이기도 하고, 나와 내 후속 세대의 경쟁이기도 합니다. 만일 내가 먹을 것이 많으면 옆에 있는 사람과 경쟁할 필요가 없습니다. 내가 먹을 것이 많으면 재생산도 어려움 없이 가능합니다. 하지만 만일 먹을 것이 충분하지 않으면 경쟁은 필수가 됩니다. 당연히 재생산이 이루어질 수가 없겠지요.

이처럼 맬서스는 우리가 그동안 알고 있었던 '식량은 산술급수

동물로서의 인간은
강력한 재생산 본능을 가지고 있습니다.
그런데 재생산 본능보다 더 중요한 것이
바로 생존 본능입니다.
재생산은 다음 세대를 위한 것이고
생존은 자신을 위한 것이죠.

식량이 불충분해서 본인의 생존 자체가
어려워지게 되면 재생산 본능에 앞서
생존 본능이 작동합니다.
인구 조절 메커니즘이 작동되는 것입니다.

적 성장, 인구는 기하급수적 성장'이라는 명제를 넘어서 출산과 관련된 인간 본성을 발견했고, 그 본성은 시간과 공간을 초월하여 존재함을 밝혀냈습니다. 지금까지 우리가 그다지 주목하지 않았지만, 실은 맬서스의 발견은 우리나라 저출산 현상의 근본적인 원인을 밝혀내는 데 매우 중요하고 유용한 실마리를 제공합니다. 맬서스의 이론에 기반을 둔 우리나라 저출산 현상에 대한 설명은 조금 뒤에 하겠습니다.

인구론의 영향을 받은 진화론

이번엔 다윈에 대해 이야기할 차례입니다. 《종의 기원》을 쓴 다윈은 맬서스보다 더 널리 알려진 학자임에 틀림없습니다. 우리가 다윈이나 진화론에 대해 일반적으로 알고 있는 이야기는 이렇습니다. 18세기 산업혁명으로 인해 산업과 자본주의가 급속도로 발전했습니다. 또 식민지 개척을 위해 유럽의 열강들은 새로운 대륙이나 땅을 찾고자 계속해서 항로를 개척해나갔습니다. 하지만 여전히 사람이란 존재의 근원에 대해서는 신의 창조물로만 생각하고 있었습니다. 그런데 다윈이 이런 믿음에 균열을 일으켰습니다.

그는 스스로 탐사선 비글호를 타고 5년간 진행한 탐험, 지질학 연구, 다양한 전공의 학자들과의 교류 등을 통해 알게 되고 연구한 내용을 1859년 발표한《종의 기원》을 통해 집대성했습니다. 여기서 다윈의 진화론에 대해 자세히 이야기할 필요는 없습니다. 진화론은 이미 많은 저작물을 통해 잘 알려져 있기 때문입니다. 진화론을 한마디로 정리한다면 '사람과 원숭이의 뿌리는 같다'는 표현일 겁니다. 모든 생명체는 진화의 산물로, 주어진 환경에 적응하는 과정에서 어떻게 진화했는지에 따라 현재의 모습이 결정되었다는 것이죠. 당시 다윈의 주장은 모든 생명체는 신이 창조했다고 믿고 있던 사람들에게 충격을 주었고, 다윈은 이들의 조롱을 감내해야 했습니다.

다윈의 진화론과 관련하여 우리가 잘 알고 있는 또 다른 개념은 바로 적자생존Survival of the Fittest입니다. 모든 종은 현재 환경에 적응하면서 다음 세대에게 생존에 가장 적절한 형질만 물려주게 된다는 개념입니다. 세대를 넘어 이러한 과정이 반복되면서 종은 진화하게 됩니다.

그런데 다윈의 진화론에 대해 많은 사람들이 잘 알지 못하는 사항들이 있습니다. 바로 이 책의 첫 장을 연 장대익 교수가 이야기한 것처럼 다윈이 진화론적 관점과 이론을 형성하는 과정에서 맬서스의 인구론으로부터 많은 영감을 얻었다는 점입니다. 다윈에게 영감을 준 것으로 알려진 맬서스의 이론은 '인류는 자원의 양보다 사람의 수가 너무 많아져서 본인의 생존이 위협을 받게 되면 아주 다양한 방법으로 인구를 조절해왔다'는 것입니다. 바로 앞에서 제가 소개했던 내용입니다.

이 조절의 과정은 끊임없는 경쟁과 투쟁을 포함합니다. 자원, 특히 먹을 것의 양이 정해져 있기 때문에 경쟁과 투쟁은 불가피하며, 동물의 경우 경쟁과 투쟁은 같은 종은 물론 다른 종들과도 하게 됩니다. 사람은 동세대뿐만 아니라 후속 세대들과도 경쟁해야 합니다. 자연에서는 경쟁과 투쟁의 과정 속에서 결국 생존하는 종이 있고, 생존이 불가능한 종이 생기게 되지요. 결과는 자연 도태입니다. 맬서스의 인구론이 다윈이 진화론을 발전시키는 데 매우 중요한 영감을 주었다는 사실이 우리가 다윈의 진화론에 대해 잘 몰랐던 내용입니다.

인구론과 진화론이
만나는 지점

|

맬서스가 출산 혹은 재생산 과정을 분석한 인구론과, 다윈이 생명체의 진화 과정을 분석한 진화론, 이 둘 사이에는 공통적인 접근 개념이 있습니다. ① 자원의 양은 기본적으로 한정되어 있습니다. 자원, 특히 먹을 것이 충분하면 동종이건 이종이건 간에 경쟁과 투쟁을 할 필요가 줄어듭니다. 후속 세대와의 경쟁은 더더

욱 할 필요가 없습니다. 그 경우 모든 생명체가 지니고 있는 강력한 본능인 재생산 본능이 어떠한 방해도 없이 작동하게 됩니다. ② 자원의 양은 물리적인 밀도에 의해 결정됩니다. 물리적인 밀도는 제한된 공간에 있는 개체수를 말합니다. 자원이 충분해야 재생산을 하지만, 이미 개체수가 지나치게 많아 물리적인 밀도가 높으면 자원의 양이 제한될 수밖에 없습니다. ③ 생존 본능은 재생산 본능에 우선합니다. 전자는 종 스스로에 적용되는 반면, 후자는 후속 세대에 적용됩니다. 결국 나의 생존이 후속 세대를 출산하는 것보다 중요하다는 뜻입니다.

위 세 가지 접근(자원, 물리적 밀도, 본능)은 서로 밀접하게 연결되어 있습니다. 자원이 많으면 서로 경쟁할 필요가 없으니 재생산에 적극적으로 임할 것이고, 그렇게 되면 개체수가 늘어나 물리적인 밀도가 높아집니다. 이제는 자원의 양이 늘지 않는 한 개체끼리 경쟁해야 합니다. 그래도 내가 자원 경쟁에서 이기면 재생산도 해볼 만합니다.

하지만 활발한 재생산 활동은 다시 밀도를 높여 내가 가진 자원이 줄어들게 되고, 경쟁이 치열해집니다. 그러면 개체는 재생산을 생각하기보다 어떻게든 에너지를 아껴서 스스로의 생존에 에너지를 사용하고자 합니다. 재생산이 줄어드니 개체수도 조절됩니다. 물리적인 밀도가 줄어드는 것이죠. 그렇게 되면 경쟁이 줄고 내가 활용할 수 있는 자원의 양이 늘어납니다. 자원이 나의 생

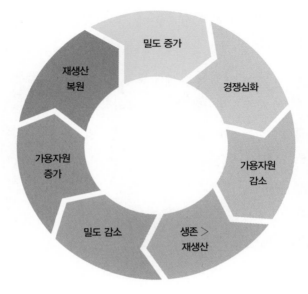

생태학 버전의 맬서스 트랩. 물리적·심리적 밀도에 따라 개체수가 조절된다.

존과 재생산 두 가지 모두를 가능케 할 정도로 유지되면 재생산을 통해 개체수는 다시 증가합니다. 그렇게 되면 무한 반복하는 생태학적인 고리loop가 생깁니다. 이 고리의 사이클은 어떤 종인가, 어느 정도의 자원이 존재하는가, 밀도가 형성되는 지역이 얼마나 큰가 등에 따라 달라집니다.

생명체로서 인간에게도 이 생태학적 고리는 그대로 적용됩니다. 그런데 인간은 다른 생명체들과 비교해서 월등한 능력 한 가지를 더 가지고 있습니다. 바로 생각하는 능력입니다. 생각하는 능력이 있는지 없는지, 혹은 수준이 높은지 낮은지는 물리적인 밀도에 대한 반응을 크게 바꾸어놓을 수 있습니다. 물리적인 밀도는 겉으로 보이는 수준에서 그치지 않고, 그 밀도를 어떻게 느끼고 생각하는가로 연결됩니다. 똑같은 물리적 밀도의 수준도 인간이 어떻게 생각하는지에 따라 그리 높지 않은 밀도로 느껴질 수도 있고, 반대로 매우 높은 수준의 밀도로 느껴질 수도 있습니다. 그렇게 되면 물리적인 밀도는 심리적인 밀도로 변환됩니다.

심리적인 밀도는 물리적인 밀도에 의해서만 결정되지 않고, 다양한 사회 제도와 문화의 영향을 받습니다. 만일 사회의 문화가 매우 동질적이고, 제도나 규범이 그 문화를 뒷받침하고 있는 경우, 약간의 물리적인 밀도 상승은 구성원들에게 매우 큰 심리적 밀도의 상승으로 나타나게 됩니다. 예를 들어, 청년들이 성공에 대해 유사하거나 동일한 가치관을 지니고 있는 사회에서는 청년들의 수가 물리적인 밀도를 그리 크게 변화시키지 않는 정도로 늘어나더라도 심리적인 밀도가 상승하게 됩니다. 반대로 성공에 대한 가치관이 매우 다양한 사회에서는 청년들의 수가 증가해 물리적인 밀도가 상승한다고 해도 심리적인 밀도에까지 영향을 주기는 어렵습니다.

맬서스와 다윈,
21세기 대한민국의 저출산에 대해 논하다

|

자, 그럼 인구학적인 상상의 나래를 한번 펼쳐볼까요? 맬서스와 다윈이 2024년 대한민국의 저출산 현상을 두고 대담을 한다고 생각해봅시다. 아무래도 한국의 상황에 대해 인구학자인 제가 좀 알고 있으니, 제가 중간에서 질문도 하고 감초처럼 추임새도 좀 넣고요. 과연 맬서스와 다윈은 21세기 들어 22년째 지속되고 있는 대한민국 저출산 현상의 원인과 대책에 대해 어떤 이야기를 들려줄 수 있을까요?

조영태   맬서스님, 다윈님. 안녕하십니까? 먼저 두 분에게 현재 대한민국의 저출산 실태에 대해 제가 간략히 설명을 좀 드리겠습니다. 한국은 2018년에 '여성 한 명이 평생 낳을 것으로 기대되는 평균 자녀의 수'인 합계출산율이 1.0 아래로 내려갔습니다. 출생 통계를 작성하기 시작한 1970년 이래 가장 낮은 수준이고, 홍콩이나 마카오 같은 도시들을 제외하면 전 세계에서도 가장 낮은 수준이 되었습니다. 합계출산율이 인구 재생산 수준인 2.0을 기록한 때가 1983년이었습니다. 이후 2.0 위로 다시 올라가지 않았고, 2002년부터 초저출산 수준이라 여겨지는 1.3 밑으로 떨어졌습니다. 이후 1.1~1.2 수준을 15년 정도 유지하다가 2018년 드디어 1.0 아래로 떨어진 것입니다. 합계출산율만 낮은 것이 아닙니다. 태어나는 아이의 수도 사상 최저로 떨어지고 있는 추세입니다. 1970년대 중반까지 연간 거의 100만 명이었는데 2018년 32만 명이 되었습니다. 2023년 출산율은 0.72이고 출생아 수는 23만 명에 그쳤습니다. 놀랍지 않습니까?

맬서스 정말인가요? 한 세대 만에 출생아 수가 절반 밑으로 떨어졌다고요? 전쟁이나 대기근이나 전염병이 창궐했나요? 사람도 다른 동물들과 마찬가지로 아주 강력한 재생산 본능을 가지고 있어요. 지금 한국은 재생산 본능이 작동하지 못할 정도로 강력한 문제가 발생한 것으로 보입니다. 그렇지 않나요, 다윈님?

다윈 방금 맬서스님이 말씀하신 대로 전쟁 등 특별한 인재나 천재지변이 없는데도 재생산 본능이 작동하지 않았다는 것이죠? 그렇다면 진화론적 관점에서 보면 한국 사회에 최근 밀도가 크게 높아졌을 가능성이 있어요. 인구 밀도가 높아졌나요?

조영태 한국의 인구 밀도는 과거에 비해서 높아졌습니다. 한국전쟁 직후에 비하면 인구가 크게 늘어난 것이 맞습니다.

1960년 한국에는 약 2,500만 명이 있었는데 이후 계속 증가해서 지금은 5,000만 명이 되었어요. 약 60년 만에 인구가 두 배 늘어났으니 밀도가 크게 높아진 것이 확실합니다. 그런데 말입니다, 전반적으로 인구 밀도가 높아지면서 출산율이 낮아진 것은 사실인데, 지금 한국의 초저출산은 좀 이야기가 다른 것 같습니다. 2002년부터 초저출산이 시작되었다고 말씀드렸죠? 당시 인구는 약 4,760만이었습니다. 지금은 5,000만이고요. 인구가 늘어나긴 했지만 인구 증가율에 비해 출산율이 너무 떨어진 것 같습니다. 게다가 결혼과 출산을 주로 하는 연령대인 25~35세 인구는 계속 줄어들고 있고요. 이 연령대만을 고려한 밀도는 오히려 줄어든 것이죠. 그런데도 출산율이 떨어지니까 이상하지 않나요? 그것도 설명이 가능할까요?

다윈   사람들의 밀도와 다른 종의 밀도는 다릅니다. 다른 종은 사회가 매우 단순합니다만 인간 사회는 매우 복잡합니다. 혹시 한국 사회에서 청년들에게만 적용될 수 있는 물리적인 밀도가 있는지요?

조영태   아, 있습니다. 전체 청년 수는 줄었지만 청년들이 살고자 하는 지역은 서울, 수도권, 그리고 부산 등 대도시로 한정되어 있어요. 게다가 최근에는 지방 대도시에서마

저도 청년들이 이탈해 서울과 수도권으로 몰리고 있습니다. 비록 청년 인구가 과거에 비해 줄었지만 실제로 그들이 활동하는 물리적인 영역이 서울, 수도권, 그리고 몇몇 대도시로만 한정되었으니 실제 물리적인 밀도가 높아진 것이나 다름없네요.

맬서스 오, 그러네요. 주로 활동하는, 혹은 활동하고자 하는 공간이 대폭 줄었으니 청년들의 물리적인 밀도가 과거에 비해 크게 높아진 것이 확실하군요. 그런데 물리적인 밀도가 이렇게 좁은 공간에서 높아지면 모든 종은 재생산에 에너지를 쓰기보다는 자기의 생존을 위해 에너지를 쓰게 되지요. 사람도 마찬가지겠지요? 그렇다면 아마도 한국의 청년들은 에너지를 본인에게 축적하기 위해 엄청 노력하고 있을 것 같은데요?

조영태 네, 맞습니다. 한국 청년들은 생존의 가능성을 높이기 위해 끊임없이 교육을 받고 있습니다. 잘 모르시겠지만, 지금 30세쯤 된 청년들의 80퍼센트가 대학을 다녔어요. 대다수가 대학을 가게 되니, 학위가 중요한 것이 아니라 어느 대학인지가 매우 중요해졌습니다. 그런데 그것으로 끝나는 것이 아니고, 대학에 가서도 본인에게 에너지를 더 축적하기 위해 소위 '스펙'을 쌓기 시작합니다. 그런데 스펙은 나만 쌓는 것이 아니죠. 내가 쌓으

면 옆의 청년도 쌓고, 그러면 나는 더 쌓아야 하고. 끝
없는 에너지 축적 경쟁이 벌어지고 있습니다.

맬서스   그렇군요. 인간은 다른 종과는 달리 사고 능력이 높기
때문에 에너지 축적 경쟁이 발생하면 물리적인 밀도가
심리적인 밀도로 발전됩니다. 물리적인 밀도에 심리적
인 밀도까지 높아지면 아마도 재생산은 연기되거나 포
기될 수밖에 없을 거예요. 최근에 한국의 초저출산 현
상이 더 심화되고 있는 것은 물리적인 밀도와 함께 심
리적인 밀도가 극도에 다다랐다는 방증일 겁니다.

다윈   진화론의 관점에서 보면 한국의 초저출산 현상은 밀도
높은 사회에 청년들이 적응하는 과정이고, 그게 결국
종의 진화로 나타나고 있는 것이라 설명할 수 있겠어
요. 그런데 이 종의 진화는 생물학적인 진화가 아니라
사회적인 진화지요. 과거 부모나 선배 세대들의 생존과
재생산의 방식과는 전혀 다른 방식을 보이고 있을 것입
니다. 바로 사회적인 진화의 결과라고 볼 수 있습니다.

조영태   그렇네요. 저의 부모님 세대부터 지금 40대 후반이 된
제 세대까지, 대부분 비슷한 나이에 결혼하고 비슷한
나이에 부모가 되었습니다. 사회생활도 비슷한 나이에
비슷한 경로로 시작했고요. 그런데 지금 청년들을 보면
결혼과 출산에 대한 가치관이나 규범이 많이 바뀌고 다

양해졌습니다. 직업관도 변한 것 같고요. 저도 다윈님의 말씀에 동의합니다. 지금 청년들은 사회적으로 진화하고 있어요. 한국 청년들의 사회적 유전자가 바뀌고 있는 것이 틀림없습니다.

그렇다면 두 분이 보시기에 한국은 저출산 현상을 해소하기 위해 무엇을 해야 할까요? 한국 정부는 2006년부터 지금까지 적지 않은 예산을 들여서 저출산 대응 정책을 펴왔습니다. 지금까지의 정책들은 주로 복지 정책에 가까운 것이 많았습니다. 보육 환경 개선, 청년 일자리 복지, 청년 주거 복지 등. 왜냐하면 복지 수준이 낮아서 청년들의 재생산 의지가 떨어진 것으로 봐왔기 때문입니다. 효과는 거의 없었습니다. 아시다시피 복지 정책은 한번 시작하면 멈출 수가 없는데, 앞으로도 효과가 거의 없을 것 같아 안타깝습니다. 두 분께서 오늘 이야기한 내용을 기반으로 정책적인 제언을 해주시면 큰 도움이 될 것 같습니다.

맬서스 모든 인간이 동물이듯 한국의 청년들도 근본적으로 동물이기 때문에 본능의 측면에서 접근해보면 어떨까요? 앞서 논의한 것처럼 재생산 본능이 작동하지 않는 이유는 본인의 생존 본능이 더 강하게 작동할 수밖에 없는 환경이 마련되었기 때문이지요. 바로 물리적이고 심리

적인 밀도가 높아진 것인데, 밀도를 좀 낮추려는 정책
이 가장 근본적인 해소 방법이 될 거예요. 물리적인 밀
도는 청년들이 서울이나 수도권으로 집중될 필요가 없
도록 지방 거점도시들을 서울 못지않게 발전시키면 낮
출 수 있지 않을까요? 인구는 많지만 출산율이 낮지 않
은 미국을 보면 어느 도시를 가나 청년들의 삶의 질이
크게 다르지 않습니다. 당연히 모든 청년이 뉴욕이나
로스앤젤레스에 갈 필요가 없지요.

한국도 서울로만 집중된 청년 관련 인프라를 지방으로
분산하면 어떨까요? 물론 그렇다고 지방 전부를 다 고
려할 필요는 없겠죠. 이미 대도시인 몇 군데를 중점 타
깃으로 놓고 인프라부터 서울에 버금가게 구축하는 정
책이 매우 근본적이면서도 효과적인 저출산 대응 정책
이 될 수 있을 것이라 봅니다. 여기에 추가해 심리적인
밀도를 줄이려는 시도도 해야 합니다. 한국은 사회 규
범이 매우 강한 것 같습니다. 대학에 가야 하는 나이가
있고, 결혼을 해야 하는 나이가 있고, 거의 모든 사람이
좋아하는 직업군이 있고, 유행을 놓치지 않고 쫓아야
하고 말입니다. 규범이 강하고 획일적이면 심리적인 밀
도가 낮아지기 어렵습니다. 그러니 물리적인 밀도와 별
개로 청년들의 심리적인 밀도를 줄이려는 정책도 함께

한국에서는 낮아진 출산율을 두고
청년들을 탓하는 정서가 있는 것 같습니다.
한국 사회의 제도와 규범을 점검해보세요.

청년들은 이미 바뀌었는데
아직까지 기성세대 중심의
제도와 규범으로 사회 질서를
유지하려 하는지 확인하는 것이죠.

고려되어야 합니다. 예컨대 한국 사회에 강력하게 자리 잡고 있는 연령 규범을 좀 느슨하게 만드는 것이죠. 대학은 가는 게 당연히 좋지만, 반드시 모든 사람이 19세에 갈 필요는 없게 만들면 심리적인 밀도가 크게 줄거예요.

다윈 아까 제가 한국의 청년들이 진화하고 있다고 말씀드렸잖아요? 저는 그 관점에서 정책적 제언을 하고 싶습니다. 한국에서는 낮아진 출산율을 두고 청년들을 탓하는 정서가 있는 것 같습니다. 또 저출산 정책의 목표가 출산율을 다시 올리는 쪽으로 초점이 맞추어져 있고요. 그런데 한번 생각해보세요. 이미 청년들이 진화하고 있습니다. 진화를 되돌리려는 노력이 성공할 수 있을까요? 생물학적으로 진화된 형질은 자연 환경이 바뀌어야 다시 바뀌게 됩니다. 그럼 사회적으로 진화된 형질은 어떻게 바뀔 수 있을까요? 사회 환경이 바뀌어야 하지 않을까요? 한국 사회의 제도와 규범을 점검해보세요. 청년들은 이미 바뀌었는데 아직까지 기성세대 중심의 제도와 규범으로 사회 질서를 유지하려 하는지 확인하는 것이죠.

조영태 두 분 감사합니다. 한국의 저출산 현상에 대해 두 분이 진단하고 내려준 처방의 특징은 단지 한국만이 아니라 언제 어디서나 적용 가능한 보편적인 인간 본성을 최우선으로 고려했다는 점일 것입니다. 가장 근본적이며 구조적인 접근 방법이지요. 한국만의 저출산 맥락을 잡아야 한다는 접근과 유럽의 복지 모형을 따라야 한다는 접근은 한계가 있습니다. 앞으로 한국 사회가 두 분의 제안을 더 잘 새겨듣고 슬기롭게 저출산 현상에 대응했으면 하는 바람입니다.

새로운
질서가
온다

다시 시작하며

좌담

저출산은
합리적인 선택인가

|

조영태

2018년 우리나라의 합계출산율이 0.98로 내려앉았습니다.

여성이 평생 가질 것으로 기대되는 자녀의 수가 한 명도 안 된다는 것입니다.

0.98은 OECD 국가 가운데 가장 낮고, 세계적으로 0점대 출산율을

기록한 국가는 홍콩이나 마카오 등 도시를 제외하면 한국이 유일해요.

정부가 근본적인 해법을 내놓지 못한 채 단기 처방에 급급한 사이

청년들은 결혼과 출산을 엄두도 못 내고 있습니다.

1도 안 되는 출산율, 더 떨어질 수도 있을까요? 원인이 무엇일까요?

장대익

경쟁적인 환경이 더 악화되면 그럴 수도 있을 거예요. 인간은 다른 종에 비해 자식을 적게 낳아서 오랫동안 기르는 생애사를 갖고 있잖아요. 그런 종은 경쟁적인 환경에 맞닥뜨리면 출산을 미루고 자신의 경쟁력을 높입니다. 그게 진화론적으로 더 좋은 전략이거든요. 출산을 늦추다 보면 여러 이유로 결국 안 낳거나 못 낳게 되는 경우도 생깁니다. 경쟁적인 사회의 높은 인구 밀도가 결정적인 원인이라는 점을 말씀드리고 싶어요.

출산율이 0점대라는 사실은 우리 사회가 집단적으로 굉장히 기이한 선택을 하고 있다는 거예요. 정상적 상황이라면 이러지 않았을 텐데, 생존에 불리한 환경이 조성된 것이라고 봐야겠죠.

장대익

핵심은 경쟁이에요. 그러니 주변에 경쟁자들이 얼마나 많이 있는가, 경쟁이 어느 정도 치열한가에 따라 출산율이 올라갈 수도, 내려갈 수도 있겠죠. 환경적 요인을 어떻게 지각하느냐에 따라 심리 메커니즘의 반응이 결정되거든요. 결혼을 할까, 애를 낳을까 하는 결정은 생태학적인 입력뿐 아니라 문화적인 입력에 좌우됩니다. 가치관이 다른 여러 문화권에서는 의사결정이 각기 다르겠죠. 그러면, 해결 방법은 두 가지입니다. 첫째, 현실의 경쟁을 완화하기. 둘째, 경쟁이 과도하다고 느끼게 만드는 요인을 제거해 현실을 있는 그대로 지각할 수 있는 환경 만들기.

송길영

물리적인 면과 심리적인 면이 함께 있는 것 같아요. 물리적인 것은 환경이고, 심리적인 것은 사회관계 속에서 이상적으로 생각하는 모습에 관한 준거죠. 데이터를 들여다보면 사람들의 심리를 알 수 있어요. 지금 나타나는 현상은 이상적인 모습을 너무 높은 수준으로 잡은 결과거든요. 타인의 눈을 많이 신경쓰는 것이기도 하고요. 타인과 다른 나를 인정해야 하는데, 그게 안 되고 오히려 '나는 누구보다 뭐가 부족해'라고 생각하고 있어요. 그러다 보면 자존감을 계속 잃게 되지요. 남들과 달라 보인다는 것에 대한 두려움이 곧 공동체에서 축출되는 느낌을 주는 사회이고요. 그런 감정의 고리에서 벗어나기가 정말 어려워요. 한국 사회에서는.

서은국

그게 바뀔 수 있을까요? '자존감이 낮다 혹은 높다'의 문제가 아닌 것 같아요. 요즘 개인들은 자기 내면에 자존감에 대한 기준은 없고, 타인과 비교해서 '나는 몇 점짜리 인생이야'라고 규정해버려요. 스펙을 쌓는 것도 자기를 세상에 증명하려는 행위라고 볼 수 있습니다. 피곤한 사회죠.

그런데 우리 사회가 유난히 경쟁적인 걸까요? 제가 보기에 '취업난'의 경우 구직자들이 아주 제한된 소수의 좋은 일자리만 목표로 하기 때문에 생기는 문제인 것 같아요. 관심사나 진로가 다양하지 못하죠. 그래서 실제보다 과장해서 현실을 판단하지 않나 싶습니다. 마찬가지로, '위너winner'가 아니어서 아이를 낳을 자신이 없다는 생각은 '위너'에 대한 집착이지 출산에 대한 염려가 아닌 것 같아요.

장대익

❝경쟁적인 환경에 맞닥뜨리면 출산을 미루고
자신의 경쟁력을 높입니다.
그게 진화론적으로 더 좋은 전략이거든요.❞

송길영

❝타인과 다른 나를 인정해야 하는데,
오히려 '나는 누구보다 뭐가 부족해'라고 생각하지요.
그래서 경쟁적인 환경이 조성되는 것 같습니다.❞

송길영

심리적인 형태의 경쟁이 더 문제라는 점을 말씀하신 것 같습니다. 경쟁은 추구하는 바가 같을 때 발생해요. 목표가 다르면 경쟁할 이유가 없겠죠. 이미 정해져 있는 세상의 정답을 놓고 싸우다 보니 각박해지는 거예요.

주경철

그래도 이런 상황이 그대로 지속될 것 같지는 않아요. 현재 경쟁적인 환경이기는 하지만 경쟁의 틀을 깨는 방향으로 나아가지 않을까요? 점차 자기 삶을 소중히 여기고, 내 즐거움을 찾는 쪽으로 사고방식이 이동하고 있다고 보면 말이에요. 그런 사고방식이 저출산을 야기하는 것이기도 하지만, 여하튼 앞으로는 소수의 목표를 두고 경쟁하는 모습보다 다양한 삶의 가치를 좇는 형태로 나아가지 않을까 싶습니다. 지금은 바닥을 치고 있는 것 같아요.

서은국

현재가 과도기적 상황이라는 주경철 선생님 말씀에 동의합니다. 지난 50여 년 동안 우리가 비정상적일 만큼 압축적으로 성장했잖아요. 그 과정에서 사람들의 인식도 확 바뀌었다가 차츰 평균으로 회귀하고 있는 게 아닌가 싶습니다. 그런 뜻에서 현재의 나, 지금의 즐거움이 최우선이라는 젊은 세대의 가치관 또한 바뀌겠죠. 욜로YOLO도 한두 달 하면 못할걸요? 현재의 행복한 삶만을 중시하는 게 인생은 아니라는 생각이 들면 결혼과 출산으로 관심사가 바뀔 수도 있지 않을까요?

고정관념도 짧은 기간에 바뀌었죠. 이혼에 대해 관대해졌고, 최근에는 혼자 사는 걸 미화하는 TV 프로그램도 인기를 끌고 있고요. 그런데 혼자 산다는 게 자유롭기만 한가요? 실제로 결혼은 안 해도 동거는 하죠. 사회적으로 보면, 해방과 전쟁 이후 낙관적인 마인드로 경제 부흥을 했다가 성장이 막히면서 숨을 고르고 있는 것 아닐까요? 압축성장의 필연적인 결과라고 할까요.

허지원

기성세대 세계관이 낙관적이었던 것은 맞는 것 같아요. 대개 노력하면 성취했으니까요. 그런데 지금 청년들은 상황이 다르죠. 하지만 어릴 때부터 성공 신화를 들어왔기 때문에 '진짜 하면 되나?' 하는 의구심에서 자유롭지도 못하고요. 그 때문에 자기계발서가 많이 팔리는 것 같습니다. 인생 매뉴얼을 집약적으로 알려주는 책들이 인기를 끌었죠. 특히 요사이 다른 사람 신경 안 쓰고 나대로 살겠다는 책이 많이 팔리고 있어요. 내용이 뭐든 간에 다 자의식을 강하게 만들어주는 책입니다. '나'를 중심에 두다 보니 약자를 위해 양보하고 배려하거나 때로는 희생해야 하는 경우를 착취나 불평등의 프레임으로 보려고 해요. 인지적 스키마(틀, schema)가 공고화되면 이후 들어오는 자극을 그에 맞추어 해석하기 때문에 자기 본위적 편향은 더 깊어지지요.

더 큰 문제는 청년 세대의 자기 개념이 모호한 것이에요. 현재의 어려움을 버티고는 있지만, 그 의미를 찾을 수가 없거든요. 기성 세대들의 성공담은 들어왔는데 청년 세대로서 그런 경험은 못했고, 그렇다고 정말 성취와 관련한 노력을 안 하기엔 불안한 거지요. 비혼이나 비출산을 주도적으로 '결정'하는 사람들이 늘어나는 것은 개인의 마음 건강 측면에서 보자면 환영할 수 있는 일이지만, 한편으로는 이도 저도 아닌 상태에서 인생의 중요한 결정을 미루고 있는 경우가 꽤나 많아 보이고, 그 과정에서 모호한 불안감이나 불편감이 해결되지 못한 채 누적되는 것으로 보입니다.

조영태

'아이를 낳을 것인가'와 '내가 살 것인가' 가운데 전자를 택하면 출산으로 이어지고 후자를 우선시하면 출산을 미루게 됩니다. 그 선택에 영향을 미치는 요인이 경쟁이고요. 압축적으로 성장한 우리나라의 경우, 물리적인 경쟁뿐 아니라 심리적인 경쟁이 저출산 요인으로 매우 중요해졌습니다. 그러다 보니 힐링이나 위안이라는 사회적 담론을 통해 청년 세대의 자의식이 강화되었고, 설사 물리적인 밀도가 떨어지더라도 심리적인 밀도가 높아지는 바람에 출산율이 낮아지는 거죠.

삶의 심리적 밀도 낮추기
- 새로운 실험

장대익

물리적 밀도든 심리적 밀도든 시골보다는 도시가, 소도시보다는
대도시가 높습니다. 그런데 왜 청년들은 대도시로 몰리는 걸까요?
진화의 관점에서 보면 경쟁하기 위해서가 아니라
짝짓기, 번식을 하기 위해서예요. 시골에 가면 기회가 없어요.
결혼을 하려면 사람이 많은 곳에 가야 하죠.
그런데 사람이 많은 곳은 경쟁이 심화되니까 결국 결혼을 해도
아이는 적게 낳을 수밖에 없어요. 딜레마입니다. 어떻게 생각하십니까?

송길영

장충동 족발 골목에 비슷한 업종이 몰려 있듯, 결혼 시장도 후보
가 몰려 있는 게 훨씬 유리하다는 거죠. 포식자가 많더라도 큰 군
락을 이뤄야 생존과 번식에 좋다는 산호초 효과를 말한 스티브 존
슨이 생각나네요.

장대익

이 구조가 반복되면 도시의 저출산 문제를 해결할 방법이 없습니다. 짝짓기를 막을 수는 없고, 계속될 것입니다. 해법이 아예 없는 걸까요? 젊은 남녀가 모여 있게 하려면 지방에 좋은 기업을 유치하는 것이 효과적이에요. 마음에 드는 짝을 만났는데, 서울에 올라가는 것보다 지방에서 사는 게 집값도 싸다면 아이를 낳고 살겠죠. 말은 지방분권화를 한다고 하지만 지금은 모든 것이 수도권에 몰려 있어요. 이런 구조를 바꾸지 않는 한 지금의 저출산 문제는 해결할 수가 없을 거예요.

송길영

전체 사람 수가 아니라 젊은층이 있느냐의 문제로 귀결되는 거네요.

장대익

짝짓기에 성공한 커플을 지방으로 유도하는 제도를 마련하면 어떨까요? 아이들 교육 문제가 본격화하기 전까지 지방에서 지내도록 하는 거죠. 그 커플이 다시 수도권으로 올라올 즈음에 막 결혼한 커플을 순환보직으로 내려보내고요. 삶의 물리적, 심리적 밀도를 낮추려면 이 방법밖에 없지 않을까요?

조영태

그 방법이 사실 제가 제주도 인구 정책을 컨설팅하면서 제주도에 제안했던 제도와 흡사합니다. '제주도에서 5년 살기 프로젝트'인데요. 젊은 세대를 제주도로 이주시켜서 5년간 큰 경제적 어려움 없이 정착할 수 있게 해주는 거예요. 스타트업 등 창업을 해서 생활하고, 5년 뒤에는 떠나든지 본인이 스스로 정착 비용을 감당하는 것이죠.

장구

왜 5년이에요?

장대익

" 결합에 성공한 커플을 지방으로 유도하는 제도를 마련하면 어떨까요? 삶의 물리적, 심리적 밀도를 낮추려면 이 방법밖에 없지 않을까요? **"**

조영태

자원 투자가 너무 길어지면 안 되거든요. 제주도의 지원으로 낮은 비용에 정착해 살기 시작합니다. 당연히 미혼이든 기혼이든, 자녀가 있든 없든 지원을 받습니다. 5년 동안 아이를 낳고 살다가 생활에 만족하면 그때부터는 제도적 지원은 받지 않고 제주도에 완전히 정착하는 거죠. 마음에 안 들면 다시 떠나온 곳으로 돌아가는 거고요. 이게 현재 실행 가능한 인구 정책이에요.

주경철

그런데 계획처럼 쉽지는 않을 거예요. 토머스 모어의 《유토피아》에 나오는 아이디어가 바로 그거예요. 지방과 도시 사

조영태

"제도적 지원을 해서 제주도에 낮은 비용으로 정착하게 한 다음 5년이 지난 뒤에는 개인이 거취를 선택하게 하는 것이죠."

이의 순환, 그다음은 주택 공유 등등. 그런데 그런 체제가 잘 운영되려면 절대 권력이 통제해야 하고, 그렇게 되면 관리 리스크가 커지죠. 아이디어는 좋은데 실현이 쉽지 않아요.

송길영

예전에 다음커뮤니케이션이 제주도로 본사를 옮겼잖아요. 그때를 돌이켜보면 아이들이 초등학교 다닐 때까지는 괜찮은데, 중학교 들어가면서부터는 교육 문제 때문에 직원들이 대도시로 돌아오는 것을 고민하더라고요.

조영태

재작년부터 제주도 인구 증가 추세가 꺾이기 시작했어요. 매년 200퍼센트씩 증가하다가 작년에 20퍼센트 증가했습니다. 추산해보니 2028년에는 제주도 인구 가운데 고령자 비중이 매우 높아집니다. 그래서 제주도를 청년들이 와서 사는 공간으로 만들 필요가 있어요. 도민들은 뭍에서 너무 많은 청년이 오는 것을 반기지 않지만, 청년이 들어오지 않으면 앞으로 힘들어진다고 설득했어요.

장대익

결혼하지 않은 청년보다는 짝짓기에 성공한 커플이 들어와서 아이를 키우는 공간이 되어야겠죠. 그렇지 않으면 고령화가 가속화될 테니까요.

윈윈 할 수 있는 구조라고 생각합니다. 대도시에서 결혼한 젊은이들이 왜 제주도로 올까요? 짝짓기와 번식을 위해 대도시로 왔는데 결혼한 다음 아이를 낳으려고 하니 여건이 너무 힘들어 보이는 거예요. 그런 젊은이들이 제주도로 오는 거죠. 아이 낳고 적정 연령대까지 교육을 시키면서 소비를 하죠. 제주도 경제를 활성화시키는 셈이에요. 입시 교육 이전 연령까지의 교육에 특화된 곳으로 제주도가 자리매김하면 대도시와 제주도 사이에 선순환하면서 윈윈 할 수 있는 거잖아요.

조영태

세종시를 보면 출산율이 높아요. 한 번에 많은 사람을 이주시켜야 했던 초기에는 부정적 여론이 굉장히 심했죠. 그런데 10년간 그곳에서 새롭게 터전을 마련한 5~7급 공무원들은 대개 비슷한 연령대라 짝짓기가 가능해요. 출산 측면에서 보면 성공한 모델입니다. 기존 생활권에서 출퇴근한 사람과, 기반을 아예 거기에서 만들어 시작한 사람의 경우는 아주 달라요. 2018년 우리나라의 출산율이 한국인이 멸절 단계에 들어섰다고 볼 수 있을 만큼 낮은 0.98이 되었잖아요? 서울시는 0.76이었습니다. 놀랍지 않습니까? 멸종위

기종이라고 해도 과언이 아닐 정도예요. 그런데 세종시의
합계출산율은 1.57이었습니다. 서울시의 두 배가 넘는 수준
입니다.

저출산 대책으로
설탕세를 도입하라?

|

조영태

우리 사회의 저출산 현상을 생물학적인 관점에서 보면 어떤가요?

제도나 사회 규범적인 측면에서 벗어나서

다른 그림을 볼 수 있지 않을까요?

장구

사실 근본적으로 보면 저출산은 생물학적인 현상이잖아요. 그런
데 제도나 문화적인 측면에서 원인과 해법을 찾고 있는 게 현실이
고, 순수하게 생물학적인 원인에 의한 저출산은 아직 부각되지 않
고 있어요.

청년들이 상시적으로 경쟁에 노출되어 살고 있는데, 스트레스를
풀기 위해, 또 각성하기 위해 커피와 설탕을 많이 섭취합니다. 제
딸을 학원에 데려다주면서 편의점 안을 들여다보면 학생들이 여

럿 모여서 컵라면, 탄산음료 같은 인스턴트식품을 먹고 있어요. 그렇게 탄수화물에 지속적으로 많이 노출되다보면 생물학적인 요인에 의한 저출산 문제가 더욱 심각해질 거예요. 호르몬 균형이 깨져서 생물학적으로 임신이 안 되는 거죠. 지금은 눈에 보이지 않는 수준이니까 보건 정책으로 억제할 수 있겠지만 점점 문제가 수면 위로 올라올 거라고 봅니다. 보건복지부의 정책도 바뀌어야 할 것이고요. 어쩌면 설탕세, 디저트세를 만들어서 세금을 더 거둬야겠죠. 순수하게 생물학적인 원인으로 인한 저출산 현상이 대두되었을 때 책임은 누구에게 있는지 고민해봐야 할 거예요.

부모가 아이의 영양 상태에 무관심한 것은 문제가 있다고 생각합니다. 건강식품이 아니라 콜라나 과자 같은 안 좋은 탄수화물을 섭취하도록 방치하면 안 됩니다. 그러다가 대사성 질환이 발병할 확률이 높아집니다. 초등학교에서 콜라를 많이 먹은 아이들이 대학 가서 대사성 질병이 생기죠. 어릴 때부터 이런 환경에 노출되면 생물학적으로 문제가 될 수 있어요. 지금으로서는 저출산을 일으키는 원인 중 낮은 비율을 차지하고 있지만요.

조영태

먹는 것 말고도 그런 영향을 미치는 것이 있을까요? 예전과는 환경이 상당히 바뀌었잖아요.

장구

"탄수화물에 지속적으로 많이 노출되다보면
생물학적인 요인에 의한 저출산 문제가 더욱 심각해질 거예요.
호르몬 균형이 깨져서 생물학적으로 임신이 안 되는 거죠.
어쩌면 설탕세, 디저트세를 만들어서 세금을 더 거둬야겠죠."

장구

부모가 아들을 라벤더 오일, 티트리 오일로 장기간 목욕시키는 경우가 있어요. 목욕하면 향기 나고 참 좋잖아요. 일주일에 한 번 정도면 괜찮아요. 그런데 매일 티트리 오일과 라벤더로 목욕시켜보세요. 남자아이인데 여자아이처럼 가슴이 나와요. 식물성 에스트로겐, 그러니까 식물성 여성 호르몬에 지속적으로 노출된 결과입니다. 생물학적으로 환경이 나쁠 수밖에 없는데, 아직은 임계점에 도달하지 않아서 크게 조명되지는 않는 듯합니다.

행복을 위한 선택?
그리고 비혼?

조영태

이번 정부의 '저출산·고령사회 기본계획 재구조화'를 살펴보면, 저출산 극복을 위해 청년의 행복감을 향상시키는 방향으로 정책을 정비하고 있습니다. 사실 청년들이 행복하지 않기 때문에 결혼과 출산을 하지 않는다는 문제의식인데요. 어떻게 보시는지요?

서은국

행복에 대한 한국 사람의 인식이 바뀌고 있는 것 같아요. 과거에는 가족이나 사회의 규범대로 조형된 삶을 사는 게 중요했는데, 이제 자기 삶을 챙기게 되었잖아요. 결혼이나 출산처럼 자기 삶에 중대한 사건을 대하는 태도가 신중해진 거죠.

허지원

신중해진 측면도 있고, 한편으로는 자기 의심이 높아진 세대로도 보여요. 행복하다가도 문득 '내가 행복한가?'를 생각하면 '행복해도 되나?' '뭔가를 좀 더 해야 하지 않나?'라는 의구심으로 이어져요. 내가 모든 것을 통제해야만 한다는 당위적 명제는 조금 느슨하게 두고 지금, 여기here and now에 머물러 행복하면 행복한 대로 유치한 기쁨을 느껴야 하는데, 뭔지 모를 불안감에 감정을 부인하거나 억압하게 돼요. '내가 이 감정을 느껴도 되나?' 하고 스스로 계속 물어보며 감정 경험에서 오는 순수한 기쁨을 억압하다 보니, 더 이상 새로운 누군가를 만나고 알아가고 가슴 졸여가며 감정을 쏟는 일은 우선순위에서 밀리고, 일단 비혼이나 비출산을 선택해두는 거죠. 지금이 적기는 아니라고 생각하면서요.

장대익

그런데 행복하면 과연 아이를 더 낳게 될까요? 제 주변을 보면 그냥 아이 없이 사는 생활이 정말 행복해 보이는 사람들이 있어요. 출산과 육아에서 오는 갈등과 스트레스를 견디기보다 여유로운 생활을 하면서 여행도 가니 행복하다는 거죠. '헬조선'에 살다보니 돈이 없어서 아이를 못 낳는다는 게 일반적인 인식이잖아요. 그런데 조사를 해보니 아이를 안 낳으려고 하는 사람들 중 많은 이들이 강남에 거주하는 잘사는 사람들인 거예요. 그래서 행복하다는 감정이 미래에 대한 계획을 세우게 만들기도 하겠지만, 그저 즐기고 끝나버리는 측면도 있지 않을까 하는 생각입니다. 행복이 곧바로 출산율로 연결되는 것도 아니고요.

송길영

행복 추구는 개인적인 것이지만, 가난이라든지 사회적인 안전망이 없는 명백히 불행한 상황에서 개인이 벗어나도록 해주는 것은 국가의 일이라고 생각해요. '행복을 위해서'가 아니라 '불행하지 않기 위해서'로 방향 설정이 수정되어야 합니다.

허지원

맞아요. 부와 행복의 상관관계에 대한 최근 연구를 보면 돈이 많다고 행복한 것은 아니지만, 돈이 없으면 불행한 건 사실이에요. 심리학적으로 불행감을 느끼는 것과 행복감을 못 느끼는 것은 차원이 다릅니다. 불행감이나 우울감을 줄이기 위한 치료법과, 행복감을 높이기 위한 치료법이 다소 다르거든요. 말씀하신 것처럼 국가에서 주도해온 여러 정책들은 불행감을 낮추는 것에 관여하는 것이지 개인의 행복감을 높일 수는 없습니다. 과학적으로 본다면 방향이 틀렸다고 할 수 있어요.

서은국

이렇게 대대적으로 청년이 불행하다고 전제하는 시대는 없었던 것 같아요. 나이가 많든 적든 사실 누구나 불행한 면이 있죠. 그런데 청년 세대에게 불행이라는 딱지를 붙여주고, 미디어에서 그런 명제에 부합하는 뉴스를 대량 생산해서 보여주면 청년은 불행한 존재라고 정당화되고 맙니다. 저는 이런 구조가 현상을 실제보다 더 부정적으로 바라보게 만드는 것 같아요.

허지원

앞서 잠시 이야기가 나왔던 자의식이나 스키마와 관련된 이야기와도 관련이 있는데, 말씀하신 것처럼 누구나 불행감을 안고 있거든요. 불가에서 '인생은 고품'라고 하잖아요. 삶은 고통의 연속인데, 성공, 정상인, 정상 가정과 같이 그야말로 판타지에 기반한 삶을 그려내는 대부분의 미디어는 개인의 부정적인 자아 형성에 큰 영향을 미칩니다. 사회경제적으로 높은 지위를 누리는 인물을 보여주면서 우리의 삶을 그 이상적인 모습에 대고 상향 비교하게 만드는 영향이 분명 있지요. 그 결과 자기 불행에 대해 과잉 지각하는 경우가 생겨요. 그래서 과거의 불행했던 기억이나 미래에 닥칠지 모를 불행에 더욱 몰두하는 경향이 있는 내담자들에게는 각별히 신경이 쓰입니다. 쉬지 않고 불행감을 자가 발전시키는 경우

장기적인 임상 문제로 이어지기 쉽거든요.

서은국

OECD 국가 자살률 순위를 보면, 항우울제 복용률과 강한 역상관이 있어요. 항우울제를 많이 복용할수록 자살을 하지 않습니다. 한국은 복용률이 가장 낮아요. 자살이라든가 우울증이 반드시 사회구조적인 원인을 갖는 것은 아니고, 생물학적, 유전적으로 살펴봐야 할 부분도 많아요. 그런데 약물을 복용하거나 정신과 병원을 찾으면 낙인이 찍히는 사회 분위기 때문에 이런 측면이 감춰져왔습니다. 그러다 보니 심리적인 문제에서 구조와 환경적인 요인들이 실제보다 과장되는 경우도 빈번하게 발생하고요. 청년 문제를 개선하기 위해 그들이 불행하다는 딱지를 씌웠는데요. 청년들이 스스로 불행을 정당화하고 낙인찍는 바람에 보다 폭넓은 시야에서 장기적인 안목으로 사태를 판단할 수가 없게 되었어요.

허지원

우리나라 사람은 건강보험이 이렇게 잘되어 있는데도 낙인효과 때문에 정말 치료를 안 받아요. 외국에서는 정신건강 서비스 접근을 꺼리는 이유 1순위가 경제적인 부담이거든요. 낙인을 두려워하는 것은 8, 9순위 정도로 밀려요. 게다가 정신건강 문제를 가진

서은국

"청년들이 스스로 불행을 정당화하고 낙인찍는 바람에 보다 폭넓은 시야에서 장기적인 안목으로 사태를 판단할 수가 없게 되었어요.**"**

환자분들은 병을 바라보는 관점이나 병과 자신을 동일시하는 정도가 신체 질환 환자분들과 다소 달라서 처음으로 치료를 접하는 속도도 늦고 증상 발현 이후의 의사결정이 다소 왜곡됩니다. 이는 증상 때문이기는 한데요, 예를 들어 암 환자분들은 '난 암 환자니까 이걸 못하고' '난 암 환자니까 저렇게 살아야 하고' 하는 식으로 생각하는 경향성은 두드러지지 않거든요. 그런데 자신이 우울하거나 불행하다는 느낌이 들면, 그때부터 모든 사건이나 미래 계획을 '우울한 나'라는 개념에 결부하기 쉽습니다. 결혼과 출산에도 영향을 미치고요. 이를테면 나는 우울하고 불행해서 결혼하면 안 되고, 아직 좋은 부모가 될 준비가 안 되었기 때문에 아이는 낳으면 안 되고, 하는 식으로 자신의 테두리를 의도적으로 공고히 하는 분들을 자주 뵙습니다. 즐거움을 느낄 수 있는 생활 반경이 점차 좁아져요. 정신건강 문제를 드러내고, 이것이 자신의 '다양한 측면 중 하나'라는 것을 알아차릴 필요가 있습니다. '어느 정도까지는' 뜬금없는 결정이나 뜬금없는 시행착오를 해도 괜찮다는 것을 알게 되면 더 좋겠고요.

허지원

❝우울하고 불행해서 결혼하면 안 되고,
좋은 부모가 될 준비가 안 되었기 때문에 아이는 낳으면 안 되고,
하는 식으로 자신의 테두리를 공고히 하는 분들을 자주 뵙습니다.❞

송길영

선생님 말씀 들으니까 'Let it be(그냥 내버려둬)'하고 'Just do it(죽기 살기로 하자)'이 서로 싸우고 있는 것 같아요.

허지원

네, 청년들이 그 둘 중 하나를 꼭 선택해야 한다고 생각하는 것 같아요. '나는 무조건 쉬어야 해' '나는 무조건 뭔가를 열심히 해야 해'로 양분되는 거죠. 어떤 날은 열심히 하고 어떤 날은 쉬어도 되는데, 그렇게 유연한 사고를 하기 어려운 거죠. 심리학에 사건의 의미를 부정적으로 해석하게 하는 '역기능적인 신념'이라는 개념이 있습니다. '이 과목을 망쳤으니 난 전교 꼴지가 될 거야'라고 생각하는 '파국화', '이 과목을 망쳤으니 뭘 해도 망할 거야'라고 생각하는 '과잉 일반화' 같은 인지적 왜곡 현상이 그 예인데요. 특히 한국 사회에서 두드러지는 신념이 '흑백논리'입니다. 성공 아니면 실패, 내 편 아니면 남의 편으로 매사에 선을 긋는 편견이죠. 그러다 보니 중간이 없어요. 아이는 때로 나의 의지와 전혀 상관없이 요동치는 삶의 궤적에 따라 낳을 수도 있고 안 낳을 수도 있는데, 윗세대 어르신들은 반드시 낳아야 한다고 하고, 아랫세대 청년들은 아예 안 낳기로 작정을 하는 거죠. 요즘엔 초등학교 때부터 비출산을 결심한다고 하더라고요.

조영태

TV 프로그램에 '비혼족'으로 나오는 사람들도 평생 비혼으로 살아야 하는 건 아닌데 말입니다.

허지원

그렇죠. 자기 정체성에 대해서도 열린 마음으로 유연하게 살펴보면서 '지금은 불행하지만 앞으로 아닐 수도 있고, 지금은 아이가 없지만 생길 수도 있고' 하는 식으로 유동적인 태도를 취하는 것이 심리적으로 성숙한 태도겠지만, 인지적으로나 정서적으로 너무 경직되어 있지요. 본래 사람은 새로 들어오는 정보를 위험하다고 회피하고 기존의 정보에 부합하는 정보만 취사선택하는 경향성이 있으니 쉽지는 않은 일입니다.

조영태

우리 사회가 심리적인 획일성이 매우 강하죠.

허지원

하지만 그렇게 결정한 비혼이 좋은 선택인지는 확신이 서지 않습니다. 능동적인 선택이 아니라 이러저러한 상황 때문에 출산을 포기하는 수동적 측면의 방어로 보여서요. 요즘 '가성비'라는 말이 안 쓰이는 곳이 없어요. 멀쩡했던 가게가 폐업하면 그 자리에 천

원짜리 핫도그 가게, 천 원짜리 잡화점 같은 게 생기죠. 사회경제적인 활력이 떨어지다 보니 발생하는 현상일 텐데, 이런 가성비 논리에 따르면 사실 아이를 낳는 것은 정말 말도 안 되는 일이잖아요. 아이를 낳은 후 본인 생활의 가성비가 떨어질 것은 주변의 수많은 사례를 토대로 예측 가능하니까요. 만약 로또에 당첨되어서 현재보다 사회경제적 상태가 현저히 좋아진다면 출산에 대해 다들 한번쯤 다시 생각해볼 수도 있겠지만, 최근의 연구 결과들을 보면 자녀가 있는 부부에 비해 자녀가 없는 경우 부부의 결혼생활 만족도가 유의미하게 높아요.

또 한 가지 말씀드리면, 자녀 한 명을 낳았을 때 이성애자 남성과 여성이 만족도에서 차이를 보입니다. 여성의 만족도가 5점 정도 떨어진다면, 남성의 만족도는 10점 정도 확 떨어져요. 아이를 매우 큰 부담으로 여기는 것이죠. 하지만 남성은 그 후 둘째, 셋째가 생겨도 그럭저럭 만족도가 유지되는 경향이 있어요. 반면 여성의 경우는 한 명 한 명 낳을 때마다 지속적으로 만족도가 떨어집니다. 여성은 아이를 하나 키울 때와 둘 키울 때 차이가 너무 크다는 사실을 아는 거죠. 그러다 보니 요즘처럼 여성이 이전에 비해 목소리를 낼 수 있는 여건에서는 현재 가용한 자원을 따져보고 아이를 낳더라도 한 명 정도만 낳는 경우가 증가했죠. 이 점도 저출산율에 영향을 끼치고 있는 것으로 보입니다.

기성세대가
나서야 한다

|

조영태

인구 구조상으로 이상적인 사회가 스웨덴입니다.

스웨덴은 어느 연령대나 인구수가 비슷비슷합니다.

오랜 기간 두 사람이 결합해 아이 둘을 낳은 결과지요.

우리나라의 인구 구조는 위로 치우친 다이아몬드인데,

인구학자로서 지금 상황은 문제라고 진단합니다.

이 상태로는 지속가능성이 너무 떨어집니다.

58년 개띠부터 74년생까지 중장년층이 노년층이 될 때까지

지금의 제도가 계속된다면 사회 유지가 불가능해질 거예요.

그 나이대의 기성세대인 우리가 나서야 한다고 생각합니다.

장구

저는 기성세대가 조금 양보해야 하는 것 아닐까 생각해요. 옛날 교수님들 모시던 시절을 돌이켜보면, 당시 50대 교수님들은 논문 작성법에 대한 교육을 제대로 못 받으신 것 같아요. 젊은 제자들 이 논문을 작성해서 교수님께 보여드리면, 문법이나 단어를 조금 고쳐주시는 정도였지요. 논문 평가가 지금의 절반 수준이었어요. 논문 몇 편으로 정년을 보장받은 거죠. 제가 임용될 즈음부터 논

문 평가 비중이 뛰었어요. 개인적으로 보면 부담스러워졌다고 할 수도 있었지만, 우리 과학계가 자정 과정을 거치는 거라고 생각했어요. 더 나아가서, 내가 양보하더라도 시스템을 정비해서 후속 세대들이 따라온다면 더 좋은 것이 아닐까 한 거죠. 그렇게 저희가 어느 정도 양보해서 후속 세대가 자리를 잡는다면, 그들이 또 그다음 세대를 생각하는 마음을 품고, 그렇게 선순환할 수 있지 않을까요?

조영태

우리나라의 특징은 고령화입니다. 현재 우리나라의 노인 부양은 가족 부양이 아니라 사회적 부양으로 가고 있는데, 저출산 현상으로 인해 생산 가능 인구는 줄어들고 있어서 문제가 발생합니다. 사회적 부양 체제 아래에서는 누군가가 돈을 내서 고령자를 부양해야 하기 때문이죠. 지금의 노년층이 아니라 장년층인 기성세대가 노인이 되었을 때 문제가 될 거예요. 이렇게 지속가능성이 떨어지는 이유는 저출산에 있다기보다 오래된 제도에 있습니다. 바뀐 인구 구조에 맞게 제도를 수정해야 합니다.

기성세대의 구조 개선 의지가 중요한 것 같아요. 현재의 지속가능하지 않은 환경을 바꾸려면 그 환경을 만들어온 기성세대가 기득권을 내려놓을 줄 알아야 합니다. 그래서 인구

조영태

"우리 사회의 지속가능성이 떨어지는 이유는 저출산에 있다기보다
오래된 제도에 있습니다. 바뀐 인구 구조에 맞게 제도를 수정해야 합니다.
기성세대의 구조 개선 의지가 중요한 것 같아요."

주경철

"기존 의식과 제도를 포기하지 않는다면
출산율은 더 떨어질지도 몰라요.
만약 더 떨어진다면, 이건 큰 문제예요."

변화에 따른 새로운 질서를 맞아 새로운 정책과 제도를 만들어내자는 취지라면, 우리 기성세대가 시스템 개선에 대한 동의를 해야 합니다.

송길영

지금 국민연금에 대한 걱정도 앞으로 아이가 많이 태어날 것이라는 가정을 기준으로 삼고 있기 때문이라는 이야기가 나와요.

조영태

말씀드렸듯 제도와 정책을 바꿔야 해요. 현재의 제도는 인구가 많을 때를 가정해서 만든 것이거든요. 예를 들어, 예전에는 가족이 부담했던 노인 부양을 지금은 사회가 책임지고 있습니다. 사회 부양이 가능하려면 당연히 생산 가능 인구가 많아야 하는데, 수년째 줄어들고 있으니 문제가 되는 거예요. 어떻게 보면 청년들에 맞춰 사회제도가 변화해야 하는 거죠. 사회 체질이 이미 바뀌었으니 사회보장제도 자체가 바뀌어야 하는 겁니다.

송길영

일본에서는 2025년부터 75세 이상 노년층 비율이 폭증한다고 합니다. 베이비붐 세대가 노년층으로 대거 이동하는 것이죠. 그런데 양로원에서 일할 사람이 50만 명 부족할 거라고 하더라고요. 그래서 로봇으로 인력을 대체할 수도 있다고 합니다. 그러니까 사회 시스템이 문제인 거죠.

주경철

인구가 줄면 기존 사회 시스템이 안 돌아갈 것이라는 건 빤한 일이죠. 그리고 아이가 많아져야 한다는 것은 사실 틀린 말도 아닙니다. 다만, 아이를 더 많이 낳으면 인구 문제가 해결될 것이라는 주장은 너무 단순하다는 얘기죠. 사회, 경제, 문화적인 조건이 모두 연결되어 있기 때문에 아이만 많이 낳으면 문제가 없어진다는 생각은 잘못된 접근이라는 겁니다. 인구 변화가 사회 변화의 핵심이에요. 인구는 사회구조 전반을 결정하는 가장 근본적인 틀이거든요. 인구가 확 줄거나 늘면 그에 따라 제도나 국가 정책이 바뀌고, 개인 간의 모럴도 바뀝니다. 중세 유럽에서 페스트가 창궐해서 당시 인구의 절반이 죽었어요. 그런데 얼마 뒤 결혼 비율이 그 전에 비해 10배 치솟았거든요. 그렇게 태어난 아이들은 이름도 이전과는 달라집니다. 죽음, 종말에 대한 감수성이 높아져서 예수의 사랑을 받은 제자 이름을 따서 피터, 존이 많아지죠. 다시 말하면, 크고 작은 문제에서 개인이 선택했다고 생각하는 요소도 따져보면 사회 환경 변화에 따른 결과로 볼 수 있다는 겁니다.

장대익

네, 저출산만의 문제가 아닌 것 같아요. 우리 삶의 양식 자체가 엄청나게 바뀌고 있잖아요. 기존 시스템을 고정해놓고서 출산을 안해서 문제라고 말해서는 안 됩니다. 저출산 현상은 사실 원인이 아니라 결과거든요.

송길영

다시 말하자면, 저출산은 바로잡아야 할 문제라기보다 직면한 현실인 것이고, 현재 장년층인 지금 기성세대가 앞으로 닥칠 진짜 문제를 미연에 방지하기 위해 고민을 해야 한다는 거죠.

주경철

우리나라는 해방 이후부터 지금까지 엄청난 변화의 시대를 지나왔어요. 우리처럼 이렇게 급격한 변화를 통과한 사회가 없습니다. 1950년에 2,000만 명이었던 인구가 불과 50년 사이에 2.5배가 되었어요. 아마 인류 역사상 그런 예가 없을 겁니다. 동시에 경제성장과 민주화도 이루었죠. 압축성장의 결과 연령대별로 가치관의 차이가 커지게 되었어요. 예를 들어, 어르신들은 별다른 고민 없이 아이를 둘, 셋은 낳아야지 하는데, 젊은 사람들은 그렇게 생각하지 않잖아요. 윗세대와 아랫세대 사이에 그렇게 생각의 차이가 난다는 것은 가치관과 인식은 가변적이라는 사실을 보여주는 거예요. 사회구조의 기반을 이루는 인구가 변화하면 그에 따라 의식, 관례 등이 바뀌게 마련입니다. 대비를 해야겠죠.

우리 삶과 사회를 이루는 요소들을 다시 수립해야 할 거예요. 앞서 말씀하신 새로운 질서에 맞는 정책과 제도를 찾아야겠죠. 너무 쉽게 말하는 것 같지만, 기존 의식과 제도를 포기하지 않는다면 출산율은 더 떨어질지도 몰라요. 만약 더 떨어진다면, 이건 큰 문제예요.

조영태

이런 현상을 보면, 새로운 질서가 시작되는 것 같습니다. 이 '새로운 질서'에 대해 선생님들과 함께 좀 더 깊은 이야기를 나누는 자리를 마련해보았습니다. 저출산이라는 인구 변화의 원인을 다각도에서 진단해보고 대안은 무엇인지 모색해보는 자리였습니다. 이번 시도를 계기로 보다 건설적이고 유효적절한 논의가 이어지기를 고대해봅니다. 수고 많으셨습니다.

초저출산은 왜 생겼을까?

**복지 대책의 틈을 채울
7가지 새로운 모색**